写给青少年

文艺作品中的哲学思想

顾问 张 亮 顾润生

主编 陶德华 吕 昂 宗益祥

南京师范大学出版社

图书在版编目（CIP）数据

文艺作品中的哲学思想 / 陶德华, 吕昂, 宗益祥主编. --
南京 : 南京师范大学出版社, 2024.6
（写给青少年的哲学书）
ISBN 978-7-5651-6252-7

Ⅰ.①文… Ⅱ.①陶… ②吕… ③宗… Ⅲ.①哲学—
中国—青少年读物 Ⅳ.① B2-49

中国国家版本馆 CIP 数据核字（2024）第 073768 号

丛 书 名	写给青少年的哲学书	
书　　名	文艺作品中的哲学思想	
主　　编	陶德华　吕　昂　宗益祥	
丛书策划	张　春	
责任编辑	李丛竹	
出版发行	南京师范大学出版社	
地　　址	江苏省南京市玄武区后宰门西村 9 号（邮编：210016）	
电　　话	（025）83598919（总编办）　83598319（营销部）　83598332（读者服务部）	
网　　址	http://press.njnu.edu.cn	
电子信箱	nspzbb@njnu.edu.cn	
照　　排	南京私书坊文化传播有限公司	
印　　刷	南京玉河印刷厂	
开　　本	710 毫米 × 1000 毫米　1/16	
印　　张	12.75	
字　　数	182 千	
版　　次	2024 年 6 月第 1 版	
印　　次	2024 年 6 月第 1 次印刷	
书　　号	ISBN 978-7-5651-6252-7	
定　　价	40.00 元	

出 版 人　张　鹏

序言　哲学教育宜早行

　　哲学的作用在于启智润心，使人成为人。经历过风雨的杰出人物常有类似"学好哲学，终身受用"的觉悟，高度赞同"学哲学，用哲学"这一传统。十几年前，我在南京大学推行面向全体本科生的哲学素质教育，最初的成效不够理想，以至于我暗自怀疑是不是太心急、搞早了。但时间很快证明，大学生中存在旺盛的哲学教育需求以及强健的哲学学习能力，我们提供的哲学素质教育发挥了很好的化育成人作用。大学生最初的反馈为什么不够积极、不够热烈？调研后的结论是我们开展哲学教育的时间迟了，结合法国等国家开展哲学教育的情况，我以为有必要从青少年时期开始抓起。

　　五年前，我因为国家高中思想政治统编教材必修4《哲学与文化》的编写和使用，与南京市中华中学建立了密切的互动关系。近距离接触后，我极为欣喜地发现，这里竟然有特色鲜明的哲学教育，批判性思维培养、哲学践行、"哲心结合"在这里施行有年，在全省乃至全国基础教育界都颇有影响。哲学教育该如何在中学深入推进？具体负责此项工作的陶德华老师曾与我多次交流，除了打气鼓劲一定要坚持下去外，我尤其建议他们可以立足教育教学实际，开发、完善富有特色的哲学教育课程，与思想政治学科国家课程有关哲学的必修模块、选择性必修模块形成互补，同时考虑开发在线课程，用新型教育技术解决教学课时、优质教学资源的辐射共享等问题。

　　陶德华老师既有教育理想，又能吃苦、重实干。几年来，她与南京大学等高校、科研院所的哲学专业工作者携手合作，在原有课程资源的基础上，设计、开发出系列哲学教育课程，将青少年哲学教育有声有色地推进到一个新阶段。这种哲学教育的效果如何呢？我深知，十年树木、百年树人，它的育人成效需要很长时间才能得到验证，但哲学教育的种子无疑已经在青少年的心中生根发芽成长了！

持续发展包括哲学在内的素质教育，是"办好人民满意的教育"的应有之义。在这个方面，期望更多的学校发挥辐射带动作用，让更多青少年能够共享优质哲学教育资源，从而启智润心，哲以成人。令人敬佩的是，陶德华老师与合作者们不辞辛苦地基于系列哲学教育课程，有机融合课程思政与哲学、人文教育，充分体现马克思主义哲学思想，编写了系列哲学教育读物，第一批推出《文艺作品中的哲学思想》《生活中的哲学智慧》《人工智能时代的哲学思考》三本书。感谢编写者们的信任，让我有机会在出版之前就一睹为快。

在我看来，这些专门为青少年编写的哲学普及读物有三个特点：一是够哲学，讲知识但更重能力培养，努力激发学生的哲学兴趣，着力培养学生的哲学思维；二是多创新，内容选择、呈现方式、语言风格等都做了大胆探索，改变了"理论是灰色的""哲学是枯燥的"等刻板印象；三是有挑战，不少内容尤其是关于人工智能的内容有一定难度，需要跳一跳才能够得着，但却又是能够培养青少年创新思维与实践能力的大胆尝试。

这三本读物究竟写得好不好，最终需要青少年读者们去评说。不过，我认为，它们的出版本身就是对我国哲学教育事业的一种推动，是中华中学在全国普通高中学段开展哲学教育"走在前，做示范"的一个证明。热切期盼未来有更多的学校开展哲学教育，有更多类似的哲学教育读物涌现出来！

张　亮

国家重大人才工程特聘教授

南京大学教学委员会副主任

南京大学研究生院副院长

2024 年 3 月

前　言

文学、书画、影视等文艺作品充溢着令人陶醉的感性魅力，同时蕴含着深刻的哲学思想，是引导学生迈入哲学领域的卓越素材。本书精选了古今中外的优秀文学艺术作品，通过对这些作品的细致赏析，深度解读其内蕴的哲学思想，分析其所属哲学流派，旨在帮助青少年读者全方位地理解文化艺术与哲学之间的紧密联系，从而提升哲学素养与人文素养。

本书分为上、下两篇。上篇以中华优秀传统文化作品为主要分析对象，时代、体裁双线索交互为用，概括中国历史上不同时期流行的文艺作品之精要，并对具有代表性的文艺作品加以引用、分析，揭示其中展现的中国传统哲学思想——尤其是儒释道三家思想——之精髓。上篇分为八讲，分别为"原初的想象——上古神话中的哲学思想""诸子的智慧——先秦散文中的哲学思想""黄老的取向——两汉辞赋中的哲学思想""多维的价值——唐宋诗词中的哲学思想""世俗的关怀——古典小说中的哲学思想""主体的觉醒——古代戏剧中的哲学思想""形上的审美——古代绘画中的哲学思想""心灵的图画——古代书法中的哲学思想"，通过对文艺作品的精心解读，向读者展现文艺创作背后蕴含的文化底蕴和哲学内涵，提高读者对中国传统文化的综合认知水平。

下篇以外国优秀文艺作品为主要分析对象，更多地选用了读者所熟知的外国著名小说、电影、音乐、舞蹈，以更多元、灵活、生动的方式激发学习兴趣。下篇分为八讲，通过阐释外国优秀文艺作品，揭示西方哲学的多个关键主题，分别为"人生的意义——文艺作品中的'意义'探寻""善恶的奥秘——文艺作品中的'善恶'辨析""世界的规则——文艺作品中的'世界'理解""真假的辨析——文艺作品中的'虚实'追问""身体的语言——文艺作品中的'身体'表达""声音的主题——文艺作品中的'声音'思想""资本在世间——文艺作品中的'资本'批判""赛博格宣言——文艺作品中的'数字'空间"。这八讲对外国经典文艺作品的主题阐释，可以帮助读者领悟现代哲学对于个体、社会、语言等方面的深刻影响，引导读者对现代社会现象进行深刻的哲学反思。

本书的核心价值在于通过对中外文学、书画、影视等文学艺术作品的系统解读，培养学生在感性体验中深刻领悟文艺作品中所蕴含哲学思想的能力。其特色在于贯通东西文化，融会多种艺术形式，全面展示文学、艺术与哲学的交融；通过对文艺作品的深入解析，培养学生对文化艺术与哲学关系的敏感性，使其在审美体验中不仅能够享受艺术的美感，更能够透过艺术表象，洞察哲学的深邃内涵。

本书既注重图文并茂、深入浅出，又注重在一定的学术探索中提高学生的哲学理解能力与思辨能力，促使他们形成更加综合、深刻的文化认知。这种全面性的学习体验将有助于学生在复杂多变的现代社会中，更加敏锐地把握和理解文化、哲学以及艺术之间的精妙关系。

编　者

2023 年 12 月

目　录

上篇

中华传统文化作品中的哲学思想

下篇

外国文艺作品中的哲学思想

上篇

中华传统文化作品
中的哲学思想

第 1 讲
原初的想象

——上古神话中的哲学思想

　　神话是一种深刻的文化表达形式，以叙述有关超自然领域和人类与之相互关系的故事与传说而闻名。这些故事和传说不仅仅是文化遗产，还具有宗教、历史和文化上的重要意义。通常，神话包括对神祇、英雄、怪物以及神秘现象的生动描述。而最初的神话版本通常是以口头传承的方式流传，因此它们的起源常常难以确切追溯。

　　随着时间的推移，神话故事不断演化和发展。它们逐渐融入历史、文化和道德层面的内涵，成为人们对世界、宇宙和生命的理解的重要组成部分。这些故事是人类对自然和超自然世界的探索、理解和想象的产物，透过它们，我们可以窥见古代文明的智慧、信仰和道德观。这些故事不仅仅是娱乐或文化传承的手段，更是深刻的思考和反思的源泉，代表了人类对生存和存在的根本问题的思考。

一 万物有灵、图腾崇拜与其他：神话与哲学思想的萌芽

神话起源于人类对自然界和人类自身的探索与解释，早期的神话往往是人们对天象、自然灾害、动植物行为等现象所做出的解释和干预。由于缺乏现代科学的知识和方法，人类往往会用神话的方式去解释这些现象，并把自己的生活经验和信仰融入神话中。

中国最为人所熟知的创世神话是盘古开天地。在天地初始，一片混沌的状态里，存在着一个名为盘古的巨人。他躺在混沌中，休眠了很长一段时间。在这个混沌之中有无数的元素和能量，但都处于杂乱无序的状态，没有形成有序的宇宙结构。盘古醒来后，用斧子劈开了混沌，于是轻灵之气形成了天空，浊重之气形成了大地。盘古的左眼化为太阳，右眼化为月亮，血液变成了江河湖海。他的头发和胡须变成了草木山石，而他的四肢则分化为四个支撑天地的柱子，支撑着整个宇宙的稳定。

在希腊神话中，最著名的创世神话之一则是以盖亚（大地之母）和乌拉诺斯（天空之神）为主角的故事。据说，最初的世界只有无边的混沌和茫茫的黑暗。盖亚孕育了诸多众神，其中之一就是乌拉诺斯。盖亚与乌拉诺斯在一起后，他们先后诞育了众多的神祇和生物，包括巨人、山峦、海洋和星辰等。然而，乌拉诺斯对自己的子嗣产生了恐惧和猜忌，因此他将所有的子嗣都囚禁在地下深渊之中，这导致盖亚非常痛苦。盖亚决定寻求复仇，她赋予自己最年幼的儿子克洛诺斯以强大的力量，并教导他如何推翻乌拉诺斯。在一次机会中，克洛诺斯成功将乌拉诺斯打败，夺得了天空的统治权。克洛诺斯成为新的宇宙主宰，他娶了自己的姐姐莱亚作为妻子，并生下了一代又一代的众神。然而，与乌拉诺斯一样，克洛诺斯也因为害怕自己的子嗣而将他们囚禁起来。最终，克洛诺斯的儿子宙斯得到了预言——他将推翻

请思考

东西方的"创世"神话体现了原始社会怎样的社会情况？

父亲并成为新的宇宙主宰。宙斯成功解放了兄弟姐妹，并与他们一同发起了对克洛诺斯的战争，最终胜利并取而代之。宙斯成为奥林匹斯众神的统治者，带来了新的秩序与和平。

洪水神话则在不同的文化传统中都有出现，这些故事通常描述了一场或多场由神灵、超自然力量或其他因素引起的巨大洪水，对人类和世界造成了毁灭性的影响。

中国的"大禹治水"讲述了中国古代曾多次发生严重的水灾，河流泛滥，水患频繁，给人们的生活和农业带来了巨大的破坏。大禹首先深入了解各地水患的情况，并用自己的智慧和经验提出了一系列治理水灾的方案。他采取了分洪、疏导、开凿渠道等手段，调节水流，防止泛滥。大禹不辞辛劳，亲自带领人们劳动，修筑堤坝、开挖河道，不断推进治理工程。经过多年的努力，大禹终于成功地治理了水患，使得河流得以顺畅流淌，土地得以恢复肥沃。人们的生活逐渐恢复了正常，社会也进入了一个繁荣稳定的时期。

《圣经》中的"诺亚方舟"故事则讲述了上帝在面对人类的邪恶行为后，决定通过一场大洪水来清除地球上的所有生物，然而，上帝发现诺亚是唯一一个在神眼中正直无辜的人，因此决定保护他和他的家人。上帝告诉诺亚他的计划，并命令他建造一艘巨大的方舟，用以容纳他的家人和各种动物。方舟的规模巨大，有足够的空间容纳各种动物以及储备食物，最终大家在洪水中生存了下来。

请思考

"洪水"神话体现了东西方社会哪些不同的文化背景？

东西方这些众多的神话故事，展现着远古时期人类的浪漫与想象，体现了人类原初的世界观。因此，神话与哲学关系密切，神话是哲学产生的萌芽。当人们无法解释世界之时，便将不理解的现象归结于万能的神力。这里我们介绍两种人类早期哲学思想的萌芽：万物有灵论与图腾崇拜。

万物有灵论是一种古老的哲学思想，它认为所有的物质事物都由某种潜在的"灵魂"驱动。这一理论贯穿了很多古老的思想。其思想根源可以追溯到古代的萨满主义和土著信仰中。这种信仰形成的原因可能是古代人类对自然现象的不解和敬畏。在万物有灵论中，人类并不是自然界中的主宰者，而是自然界中的一部分。因此，自然界中的万物都应该受到尊重和保护。这种信仰对环保主义和生态保护运动的发展产生了深远的影响。

今日我们理解万物有灵论的一个常见例子是山神信仰。山神信仰是一种广泛存在于世界各地的宗教和民间信仰形式，它涉及人们对山脉、山峰以及与之相关的自然景观和现象所持有的崇敬与崇拜态度。山神信仰在不同的文化和宗教中有不同的表达和解释，但共同点是将山视为具有神性和灵性的存在，值得人们敬仰和祭祀。比如《山海经》中就记载了许多人面动物身的山神，以及祭祀他们的方法。又，《礼记·祭法》云："山林川谷丘陵，能出云，为风雨，见怪物，皆曰神。有天下者祭之。"原始的山神信仰后演化为官方的五岳祭祀和民间的山神崇拜两种形式并存。

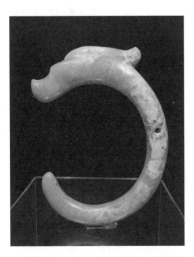

红山文化玉龙，中国国家博物馆藏新石器时代的玉龙是迄今为止中国出土文物中发现最早的龙形象之一，有"中华第一龙"的美誉

图腾崇拜是大部分原始社会和部落所持有的一种信仰与仪式实践，人们认为某种动物、植物或其他自然物体具有神圣的力量和象征意义，是他们部落或氏族的象征或守护神，因此被视为崇高的神灵和力量的化身。图腾崇拜在人类文化史上具有重要的意义，不仅是原始宗教信仰的重要表现形式，也是许多文化艺术形式的灵感源泉，如绘画、雕塑、文学等。同时，图腾崇拜也是人类探索和认知自然和宇宙的一种形式，对于我们理解人类文化和思想演变历程具有重要的启示作用。

在中国，图腾文化中最为大众熟知的

是龙图腾。龙被视为中国文化的象征，被赋予神秘、崇高的地位。一些学者认为，龙这种虚构的生物是多种动物图腾的特征叠加的结果，象征着力量、智慧和吉祥。在中国传统文化中，人们常常将高尚的道德、尊贵的地位与龙相联系。

西方原住民部落的图腾信仰则以其独特的形式和意义而闻名。例如，北美印第安人部落中有一种图腾柱，这些柱子由木头雕刻而成，上面刻有象征不同动物、自然元素或神灵的图案。每个部落都有自己独特的图腾柱，代表着该部落的身份、血统和信仰。图腾柱被视为部落的灵魂和象征，是被供奉和崇拜的对象。

尽管中国的图腾观念与西方原住民的图腾信仰在形式和意义上有所不同，但它们都承载着人们对于神秘力量和信仰的向往。在中国，图腾在后期发展为一种象征性的文化和宗教元素，而不像原住民图腾那样与家族或部落的血统紧密相关。

万物有灵论与图腾崇拜在很多神话故事中都有所呈现，从中我们可以看出人类是怎样形成早期哲学思想的。

二 《山海经》与中国早期世界观的构架

《山海经》是中国先秦重要古籍之一，是一本地理著作，也是一本神话奇书。作者不详，古人认为该书是"战国好奇之士取《穆王传》，杂录《庄》《列》《离骚》《周书》《晋乘》以成者"。《穆王传》，又名《穆天子传》，是西晋时期发现的汲冢竹书的一种。《穆天子传》共分为六卷，记述了周穆王姬满巡游天下之事。其中周穆王会见西王母的记述，成为后世求仙的重要文献依据之一。

现代学者也认为《山海经》成书并非一时，作者亦非一人。《山海经》最重要的价值在于其保存了大量神话传说，如夸父逐日、精卫填海、羿射九日、鲧禹治水等。

[晋] 郭璞注《山海经》书影，
明崇祯刊本

夸父与日逐走，入日；渴，欲得饮，饮于河、渭；河、渭不足，北饮大泽。未至，道渴而死。弃其杖，化为邓林。

——《山海经·海外北经》

《山海经》以其丰富的内容和多姿多彩的神话传说，成为中国古代文化的重要组成部分，对于了解古代中国社会、文化、宗教信仰等方面的内容具有重要的参考价值。

《山海经》包括《山经》和《海经》，它将真实的山川和幻想中的神话相结合，构建了一个祭祀和图画世界。

《山海经》按照地理位置作为书写顺序，全书记载了约四十个邦国，五百五十座山，三百条水道，一百多位历史人物，四百多种神怪奇兽。这些记载与今日的地理现实多有不合之处，但可以从中看出先秦社会对世界的理解。在中国古代世界观中，地球是一个平面，被一系列山脉环绕，周围是一圈海洋。天地之间有一些天体，包括日、月、星辰等，被认为是神明的化身或者是神灵所驾驭的车辆。这些故事反映了古代中国人对宇宙和自然的理解与认识，对中国传统文化和思想产生了深远的影响。

往古之时，四极废，九州裂，天不兼覆，地不周载，火爁炎而不灭，水浩洋而不息，猛兽食颛民，鸷鸟攫老弱。于是，女娲炼五色石以补苍天，断鳌足以立四极，杀黑龙以济冀州，积芦灰以止淫水。苍天补，四极正；淫水涸，冀州平；狡虫死，颛民生。

——《淮南子·览冥训》

山海经中的奇兽"九凤"与"雷神"，出自清彩绘本《山海经图》

《山海经》中有很多对世界的解释，比如关于日月星辰和时间历法的记载，其中涉及了相关的神灵及其在天体运行中的角色，以及历法调整和岁星纪年的方式。

> 东南海之外，甘水之间，有羲和之国。有女子名曰羲和，方日浴于甘渊。羲和者，帝俊之妻，生十日。
>
> ——《山海经·大荒南经》
>
> 有人名曰石夷，来风曰韦，处西北隅，以司日月之长短。
>
> ——《山海经·大荒西经》

《山海经》中也以神灵的方式来描述古人所观察到的自然现象。例如在《大荒北经》中，烛龙被描绘为白天闭眼是黑夜，能够操纵风雨，并象征着自然永恒之神。

> 西北海之外，赤水之北，有章尾山。有神，人面蛇身而赤，直
> 目正乘，其瞑乃晦，其视乃明，不食，不寝，不息，风雨是谒。是
> 烛九阴，是谓烛龙。
>
> ——《山海经·大荒北经》

《山海经》中也反映了古人的天文知识。清代学者陈逢衡指出，《山海经》中关于日月出入的描述反映了远古时代观察太阳在一年中不同出入方位的原始历法。

> 东海之外，大荒之中，有山名曰大言，日月所出。
> 大荒之中，有山名曰合虚，日月所出。
> 大荒之中，有山名曰明星，日月所出。
> 大荒之中，有山名口鞠陵于天、东极、离瞀（mào），日月所出。
>
> ——《山海经·大荒东经》

虽然《山海经》中关于山川神灵和祠礼的内容在科学性上受到后人的质疑，但实际上，山川的名称和神祇祠礼在中国古代的地理学中是不可分割的部分。《周礼·大司徒》中提到，大司徒的职责包括掌握建邦之地图和人民的数量，辅助君王维护国家的安定；绘制天下土地的图谱，详细了解九州的地理范围，辨识山林、河川、丘陵、坟墓和平原等地理特征。从中可以看出，山川地理和九州名物是大司徒必须掌握的知识，熟悉礼仪教育和施教于民也是他的职责之一。

中国的先民将自然视为人类与天地共存的空间，认为人类社会的历史是与天地共同度过的时间。在先民的视野中，自然即人，人即自然，人的肉体、

灵魂和思想观念可以转化到动植物等自然物上。先民的生命观认为万物与人有某种血缘关系，神、人、兽因此在《山海经》中互相融合，一切具有生命现象的物体都被赋予了某种灵性。文本中的神话形象反映了先民认为人类是造物主的观点，通过超人间的生命移植实现对自己的认知和塑造。先民将人作为生殖崇拜的主角，而神、兽和植物则是人的辅助体，山则是《山海经》中最大、最直观地产生万物的象征。

先民思想中的宝贵之处在于将神圣和人世看作一体，而不是分离对待。《山海经》中描绘的神话世界展现了人与神共存的状态，人神之间通过昆仑山建立起双向联系。这种观念中不存在善恶之分，没有道德评判，而是以"事实"为依据的超然世界观。有关战争和主角的描述中不加道德评价，展现了直观而残酷的写实性。即使在失败和死亡中，人物形象仍展现了慷慨豪迈的人性光辉。

《大荒西经》中，出现了"绝地天通"这一重要文化事件的原型。

> 大荒之中，有山名日月山，天枢也。吴姖天门，日月所入。有神，人面无臂，两足反属于头上，名曰嘘。颛顼生老童，老童生重及黎。帝令重献上天，令黎邛下地。下地是生噎，处于西极，以行日月星辰之行次。

天帝命令重上天庭，又命令黎下凡间，黎到凡间后生了噎，噎住在大地极西，掌管着日月星辰的运行次序。这被认为是一次成功的政治改革，将民、神任意沟通的自然状态终结，确立了地天相隔、人神异界的秩序。"绝地天通"之后，对古代先民世界的看法发生了变化。黄帝被视为中国历史的起点，他以武力征服了蚩尤和炎帝，受到诸侯的尊崇，并成为"天下共主"。黄帝巡守各地，一方面是为了征讨，另一方面是为了将自己的政治蓝图推广开来，宣扬天下共主的形象。这种巡守的目的是巩固统治地位，规范各地的礼仪、制度和服饰，并通过奖励和处罚来激励人民的行为。这种黄帝形象的建构与儒家思想密切相关。

《山海经》以客观的角度对事物进行记载和叙述。它强调胜利者和失败者都表现出高尚的英雄主义情结和视死如归的浩然正气，不向命运妥协，展现了强大的精神力量。这些神话形象代表了先民对自身和宇宙万物的思考，并孕育了朴素、欣欣向荣的华夏文化源头。

三 中国神话：特殊性与普遍性

从理论上讲，神话的产生与人类开始认知自我与世界几乎是同时的。今日所流传下来的神话，在很大程度上能反映古人普遍的心理倾向。因此，我们可以看到，中西方神话中有很多类似的母题。神话母题是由瑞士心理学家荣格提出的概念。他认为神话母题是人类共同的心理结构，是所有文化都具有的基础结构和思维方式。荣格认为神话母题是集体无意识的一部分，是所有人类都共享的基本心理结构。通过研究神话母题，可以更好地了解不同文化之间的共同点和差异。

在华夏的创世神话中，强调了身体作为本体论的特点，如盘古开天辟地的神话揭示了人们意识到身体的重要性，将身体的力量用于改造自然。与之不同的是，西方的创世神话更强调上帝的意志和命令，强调了神与人、天地和万物之间的分隔。

这种明显的神人分际观念在希腊文化中发展为主客二元思想，并在西方哲学和心理学中得到延续。相比而言，中国文化中的身体概念更加综合和一体化，将心与身体结合在一起，并认为身体具有主体的力量。这种身心一元、天人贯通的哲学理念在中国文化中得到了长期的发展。

中西方神话都有关于神用泥土创造人类的记载，但中国的神话中有着独特的身体概念和繁衍特色。西方的神话强调神创造人类的身体和灵魂，神与

[法] 尼古拉斯·普桑《大洪水》，法国巴黎罗浮宫藏

人的身体并没有实际联系。而中国神话中介绍了人类是由神的身体产生的，人与神在身体上是同质的。在经历了大洪水之后，中国神话中的伏羲女娲通过婚配延续了人类后代，而《圣经》中的创世神话则是通过诺亚一家人的繁衍来实现。在中国的哲学思考中，伏羲女娲的神话并不是两个独立的元素结合，而是一种表示关系的象征，表达了男女作为本体结合产生生命的纯粹关系。这种关系在中国文化中被称为"感"。《易经》中将"感"视为不二法门，表示阴阳之间的关系。由此可见，中国的身体概念延伸至男女、阴阳以及被中国人视为宇宙规律的"道"，从而使身体成为"道"的体现，这就将宇宙的发生构成与人的身体、生命紧密联系，"道"与身体、生命形成同构。

中国神话的母题多数与起源相关，如诸神的起源、宇宙的起源、人类的起源、文化的起源等。当然，这些母题也普遍存在于其他文化的神话之中。对这种现象的一种解释是集体无意识理论。集体无意识是荣格提出的另一个重要概念，指所有人类共同拥有的潜意识层面的心理结构。集体无意识是指人类个体通过遗传从祖先那里继承下来的共同无意识心理要素，主要形成于婴幼儿时期。它是存储在大脑深层的心理内容，是人类祖先共同积累的经验不断重复的积淀和浓缩。集体无意识对个体的意识、个人无意识的出现、发展和形成模式起着制约和推动作用。

集体无意识包括神话母题、原型、符号等，是人类的共同精神遗产。集体无意识包含了人类共同的原始和潜在的心理内容，它不受个体的经验和文化背景的限制。它涵盖了各种普遍存在的符号、象征、原型和情感模式，如神话、宗教、传说、梦境和艺术等。这些共享的心理结构可以通过个体的潜意识与之联系。集体无意识具有普遍性和多样性，因此不同文化中的神话母题也具有多样性。神话母题和集体无意识是紧密相关的概念，因为神话母题是集体无意识所表现出来的一种形式。不同义化中的神话母题虽然有所不同，但都反映了人类共同的心理结构和思维方式。通过研究神话母题和集体无意识，可以更好地了解人类共同的心理结构和文化传承的方式。

拓 展 阅 读

1. 袁珂:《中国神话史》，北京联合出版公司，2015 年。

2. 袁珂:《山海经全译》，北京联合出版公司，2016 年。

3. [瑞士] 卡尔·荣格:《原型与集体无意识》，徐德林译，国际文化出版公司，2018 年。

4. 萧兵:《神话学引论》，陕西师范大学出版总社，2019 年。

1. 神话多为虚构，那么其现实意义在于何处？

2. 在世界不同的民族中，还有哪些相似的神话？它们可能反映了怎样的历史现实与哲学思考？

第 **2** 讲
诸子的智慧

——先秦散文中的哲学思想

春秋战国时期是中国古代散文蓬勃发展的阶段，这一时期出现了许多优秀的散文著作。先秦散文分为两种——历史散文和诸子散文。前者包括《左传》《国语》《战国策》等历史著作。后者是儒、墨、道、法等学派的文章，其中如《论语》《墨子》《孟子》等，是孔丘、墨翟、孟轲的弟子等对其师言行的记录，《庄子》《荀子》《韩非子》等则一般被认为是本人的著作。诸子散文有很高的文学价值，更富有深刻的哲学思考。

一 先秦诸子与说理散文

先秦诸子著书立说，以说理散文的形式传达自身的思想体系。诸子散文虽有不同的说理内涵，但均强调人文精神、人文关怀，具有重要的文学价值和思想内涵。说理散文是一种注重实际问题、反映社会现实的文学形式，它兼具散文和议论文的特点，既有文学性，又有实用性。说理散文不同于故事性的叙述文学，它更注重思想的表达和思辨的过程。

老子的《道德经》是古代道家主要经典著作之一，集中反映了老子的哲学思想，在文体上体现出先秦时期由诗至文的过渡特点。《道德经》语言简练，思想深邃。老子以"道"为核心概念，论述宇宙万物的本原问题，认为道是宇宙的根本原理，是一切事物的本源，所谓"道生一，一生二，二生三，三生万物"。道无形无象，无始无终，超越了一切对立和矛盾，是宇宙万物生成变化的根本规律。

《道德经》内容涵盖哲学、伦理学、政治学、军事学等诸多学科，蕴含着丰富的思想资源，其作品的精华是朴素的辩证法。

> 天下皆知美之为美，斯恶已；皆知善之为善，斯不善已。故有无相生，难易相成，长短相形，高下相倾，音声相和，前后相随。
>
> ——《道德经》第二章

[晋] 王弼注《道德经》书影，清光绪刻本

这句话的意思是，如果天下人都知道美之所以为美，那么丑的事物就显现出来了；如果天下人都知道善之所以为善，那么恶的事物就显现出来了。所以说有和无相互依赖而产生，难和易相互对立而形成，长和短相互比较而存在，高和下相互包含而生成，音和声是相互应和的，前和后是相互伴随的。由此可见，老子善于用万物相生的辩证法来解释我们所看到的世界，进而推及整个人类社会的变化与发展。

《道德经》以哲学意义的"道德"为纲要，论述修身、治国等道理，主张"道法自然"，并由自然之"道"进入到伦理之"德"，强调"道生之，德蓄之，物形之，势成之。是以万物莫不尊道而贵德"，最终归于对理想政治的设想与治理之道。老子的哲学思想体现了古代中国人的一种世界观和人生观，对中国哲学产生了深远的影响。

商周史官文化向战国士文化的转变，对散文创作产生了深刻的影响。在这一转变中，七十子后学传承了史官的角色，忠实地记录孔子的言论和行事，他们的文章成为早期先秦诸子散文的主体。

七十子后学的记述内容主要分为三类：孔子对众弟子的礼仪口述和道德教诲，个别弟子请教学术问题，以及孔子与时人的对话。商周史官开创了对话问答的形式，七十子后学继承并发展为宾主问答体形式，并创造了语录体。七十子后学的散文成为从商周史官文化向战国诸子散文转变的关键，后来的战国诸子散文沿着这条路发展下去。

孔子的政治目标是恢复西周礼制秩序，他的仁学为此服务。孔子自认为是西周文化传统的继承人，他以"道"作为最高价值追求，"朝闻道，夕死可矣"。他希望以士人掌握的"道"对现实政治系统提供批评与指导，最终达到治理乱世的目标。孔子的积极救世态度为战国士林树立了典范。孔子开创了私人讲学之风，由此官学转变为私学，为后来诸子百家的兴起提供了人才和物质条件。他的教育理念打破了贵族教育体制，使教育大门向全社会开放，让平民有机会接受文化知识，并具备参政议政的资格。

　　《论语》记载了孔子的言行，表达了他对人生、道德、政治等方面的见解。《论语》的核心思想是强调修身、齐家、治国、平天下，追求个人修养、家庭和睦、社会和谐以及合乎礼制的国家治理。在《论语》中，仁是一个核心概念，指的是儒家伦理思想中的道德美德和行为准则。仁是孔子强调的最高道德境界，也是儒家思想的核心理念之一。孔子说：

　　　　己所不欲，勿施于人。

——《论语·卫灵公》

　　这句话强调了仁的基本原则，即不做自己不希望别人对待自己的事情。它要求人们在与他人互动时，要以仁心对待他人，不伤害、欺压或剥夺别人的权益。仁的实践也要通过自身。"为仁由己，而由人乎哉？"孔子认为仁是一种自觉和主动的行为，它源于个人内心的追求和努力，而不是完全依赖他人的影响，每个人都应该通过自身的修养和努力来实践仁德。

　　荀子和韩非的文章则更多地反映了社会现实和政治形势，他们强调理性思维，重视实践，对社会矛盾和政治问题提出了自己的看法和建议。荀子认为人性本恶，人天生具有自私和邪恶的倾向，强调人的本性是需要通过教育和道德规范来加以约束和纠正的。"人之性恶，其善者伪也"，"伪"，就是后天人为的意思。因此，荀子强调后天学习修养的重要性，主张用"礼仪"来对人性进行"化性起伪"的改造。荀子同时倡导依法治国，认为法律和制度是维持社会秩序和稳定的基础。他主张建立完善的法律体系，并通过严厉的法律制裁来惩罚违法行为，以达到社会的治理。荀子的思想对后世儒家和法家都产生了深远影响。

　　荀子考虑到法家对儒家礼乐的冲击，参考道家学者对法律价值的重新认识，勇敢地提升法律地位，建立礼法并重的关系模式。"隆礼尊贤而王，重法爱民而霸"，荀子认为治国之道既是礼又是法，礼与法都具有最高权威，

[明] 吴彬《孔子杏坛讲学》图轴，孔子博物馆藏

[唐] 吴道子《先师孔子行教像》，清拓本，山东曲阜孔庙藏

但彼此不能制约对方，都有其局限性，无法独自承担治国重任。荀子划分了礼和法的作用范围和对象，将礼用于调节统治阶级的内部矛盾，法用于处理政治和阶级矛盾。礼的作用对象是统治者，法的治理对象是被统治者。荀子认为法律在道德维度上有其作用范围，用来管理有德者和制裁无德者。礼和法的适用领域分别是圣人、君子和小人。荀子在建立礼法并重的关系模式时，保留了礼主法辅的传统观念，暗示着礼的重要性。

> 明礼义以化之，起法正以治之，重刑罚以禁之。
>
> ——《荀子·性恶》

荀子虽然强调了礼的作用和重要性，但也提高了法的地位，间接降低了礼的地位。荀子的礼法并重观念隐藏着礼主法辅的意味，这是为了回应法家对儒家的挑战并守护儒家立场的妥协结果，也是荀子对自身立场偏离儒家的自救行为。

作为荀子的学生，韩非的思想与荀子有类似之处，韩非也强调法律和制度的重要性。他主张通过明确的法律规范和严格的法律制裁来约束人的行为，以确保社会秩序的稳定和国家的安全。他认为法律应当公正、严明，并通过奖励和惩罚来激励人们的行为。韩非的思想重视功利主义原则。他认为政治决策和社会政策应该基于对实际利益和效果的考量。法家倡导的事功理论是以君主为中心的。韩非有"法、术、势"的治国理论。"法"是臣民共同遵守的行为准则，一是"刑罚必于民心"，强调强制性与权威性；二是"设之于官府，而布之于百姓"，强调普遍性与客观性。"势"是君主所处之势位，即所掌握的统治权力。"术"是驾驭群臣的秘术、权术。三者相互依存，共同治理国家。韩非认为统治者应该关注实际问题，摒弃无用之事，追求以最小的成本来获得最大的效益。然而，施政过程中难免存在利弊，韩非认为需要权衡利弊，减少小害并追求大利益。这种注重实践、追求效果的论述构建了法家思想的理论基础。在人性论方面，韩非继承荀子人性恶的观点，但否定"虚静之心"，认为人皆自利，无须化性起伪。而且这是治国的有利条件，正是趋利避害的本性使得君主能够通过赏罚来操纵人民。韩非强调以刑法治国，主张"中央集权"，对秦汉以后中国封建社会制度的建立产生了重要影响。其书在先秦诸子中具有独特的风格，思想犀利，论辩透辟，善用寓言。如"自相矛盾""买椟还珠""守株待兔""滥竽充数"等著名的寓言故事，均出自《韩非子》。

先秦墨家的代表人物是墨子。墨子留有《墨子》一书，是墨子弟子及其再传弟子对墨子思想、言行的记录。墨子的主要思想，被概括为"十事"，即"尚贤""尚同""节用""节葬""非乐""非命""尊天""事鬼""兼爱""非攻"。但这"十事"并不是用在一时一地，是根据各个诸侯国不同的状况而有选择地采用。其中"尚贤""尚同""尊天""事鬼"体现的是墨家力图改变百家争鸣、思想混乱的社会现实，以免令人民无所适从。与处于上位的贤能之人意见统一，这样就能发挥出最大的力量。天帝与鬼神则是善恶的终极担保者，为实行仁义的人提供精神的依托。而"节用""节葬""非乐""非命"则是墨家崇尚节俭、重视实干的集中反映。墨家认为社会的富裕在于人人努力从事生产，在大多数人民都没有实现温饱之前，厚葬、音乐等耗费民力的行为都没有意义。命定论也是墨家反对的，因为一旦相信命运，便不会尽力做事。"兼爱""非攻"是"十事"的核心，也是墨家对理想社会的塑造。"兼爱"要求人们普遍相爱，这样才能得到整体的最大利益。"非攻"是兼爱的具体表现，认为战争是世上最大的不利，只有停止战争，才能保全人民的生命，改善人民的生活。墨子思想的本质是功利观，是小生产劳动者为维护自己生存和物质利益而形成的社会价值观，以自然人性论为起点，具有强烈的实践色彩。"兴天下之利，除天下之害。"墨子在认识论上也重视实用，提出了"三表法"：

言必有三表。何谓三表？子墨子言曰：有本之者，有原之者，有用之者。于何本之？上本之于古者圣王之事。于何原之？下原察百姓耳目之实。于何用之？发以为刑政，观其中国家百姓人民之利。

——《墨子·非命上》

"三表法"是一种立言标准，是判断是非真假的一种标准。

二 《孟子》与儒家哲学

孟子继承孔子学说，从原始的完满到深刻的片面。孟子着重强调天命论中的义理之天，构成"心—性—天"的构架，然后发挥孔子"仁"的修行论，并用"诚"的概念统一起来，诚是天的运行规律，也是道德体验的状态，更是本心良知的最终根源（"诚者，天之道也；思诚者，人之道也"）。这便为人性善做出了终极保证。孟子认为人的良知是由天生注定的，它是人性中的天赋本质，是与生俱来的。这种善良的品质不仅存在于个体中，而且是所有人都具备的。孟子的性善论强调了人性中的善良品质，这种品质是可以被激发、培养和发挥的。同时，孟子也认为，人性本善并不意味着人天生就是完美的，他们也需要在实践中不断地学习、探索和进步。

孟子关注君臣关系的伦理问题。他认为君主应以仁德来治理国家，关心人民的利益，促进社会的福祉。同时，臣子也有责任忠诚于君主，并尽心尽力为国家和人民服务。孟子非常重视教育的作用。他认为教育是培养人的品德和才能的重要手段，可以改变人的性情和提高人的素质。他主张推行普及教育，让每个人都有机会接受良好的教育。孟子对儒家哲学的影响非常深远，他在儒家思想的发展和传承中扮演着重要的角色。

尽其心者，知其性也。知其性，则知天矣。存其心，养其性，所以事天也。

——《孟子·尽心上》

诚者，天之道也；思诚者，人之道也。

——《孟子·离娄上》

《孟子》一书中提到了性善的观点，并与其他人性理论进行辩论。尽管孟子的性善观点在当时并不占主导地位，但它在思想界引起了巨大反响。孟子的人性理论具有以下特点：第一，强调人禽之辨，反对"以生命性"。孟子认为人与动物之间存在着明显的区别，将人提高到动物之上，认为人与动物的差异是人性的根本特质。第二，区分命与性，突出人的道德主体性。孟子将欲望归为人的天性，但将仁义礼智等道德品质视为人性的体现，将命与性区别对待。第三，以心论性，以心善说性善。孟子从人心的深处体认人性的本体，认为人具有不忍人之心和恻隐之心等内在的天然良心，这是人性中的善的体现。这些观点使得孟子的人性理论在理论上独特而有影响力。他通过强调人与动物的区别、道德主体性和内在良心等维度，将性善作为真正的人性，与其他人性理论形成了明显的区别。

人皆有不忍人之心。先王有不忍人之心，斯有不忍人之政矣。以不忍人之心，行不忍人之政，治天下可运之掌上。所以谓人皆有不忍人之心者，今人乍见孺子将入于井，皆有怵惕恻隐之心。非所以内交于孺子之父母也，非所以要誉于乡党朋友也，非恶其声而然也。

——《孟子·公孙丑上》

孟子的人性修养理论强调为善的重要性，他提出了一整套关于为善之道的理论。孟子认为，只有向善的动机是不够的，为善是实现性善的关键。他强调为善的意义，视之为实现性善的重要环节。孟子重视思的作用，将其视为人开启内心向善能力的关键。思的目的在于"求其放心"，找回失去的善心。

在求得"放心"之后，需要进行"存心"，将心存于仁和礼。君子不仅要存心于仁礼，还要时刻涵养之。寡欲是养心的关键。孟子还提出了"知言养气"的理论，认为明辨各种言论的是非是重要的。言为心声，错误的言论反映了错误的认知，因此批邪说、维护孔子之道十分重要。养气则指的是修持仁义，只有配义与道，才能巩固、持久、广大。通过存养、扩充、知言、养气等过程，孟子认为会形成一种大丈夫人格。这种人格以仁义为根本，以与民由之为宗旨，屹立于天地之间，坚守自己的道德准则，不为外物所动摇。它能兼济天下，独善其身，是向善和为善的必然结果。

> "敢问夫子恶乎长？"曰："我知言，我善养吾浩然之气。"
>
> "敢问何谓浩然之气？"曰："难言也。其为气也，至大至刚，以直养而无害，则塞于天地之间。其为气也，配义与道；无是，馁也。是集义所生者，非义袭而取之也。行有不慊于心，则馁矣。"
>
> ——《孟子·公孙丑上》

孟子的人性论与他的政治哲学密不可分。他认为人性本善，并通过推恩与仁政的实践来实现人性的善。推恩是将个体的不忍人之心扩展到整个社会，通过仁爱之心来治理国家。孟子认为，执政者具备实行仁政的潜力，而仁政的实现需要执政者自身具备仁爱之心和道德修养。在孟子的思想中，君主的道德修养对仁政至关重要。他强调"惟仁者宜在高位"，而残暴不仁的君主只会散播恶行。如果君主失去良知，孟子提出"格君心之非"的观点，即智者应当阻止君主的错误行为。如果君主既不行仁政又不接受忠言，孟子主张"易位"，即将不具备仁爱之心的君主废黜。这是基于孟子的性善论对专制制度的批判，旨在实现理想的王道政治。

此外，孟子还强调通过一系列制度和措施来实现仁政。其中包括通过"制民之产"来满足人民的基本生活需求，提倡薄税敛以减轻百姓负担，以及设

《孟子全图》书影，明万历刻本，日本早稻田大学藏

立庠序学校进行道德教育等。这些措施旨在保障人民的生活需要，提高道德水平，并实现人伦关系的和谐。

综上所述，孟子的人性论与政治哲学密切相关。他通过推恩与仁政的实践，将人性的善与政治联系在一起。在孟子看来，人性的善为实现仁政提供了基础，而王道政治则将性善从理论变为社会现实。这一过程被称为致善，旨在推动个体的善心善性扩展到整个社会，实现孟子心目中理想的王道政治。

三 《庄子》与道家哲学

老庄哲学是中国古代哲学中的一个重要流派，主要代表人物是老子和庄子。老庄哲学以"道"为核心。所谓道，即形而上之道，为宇宙万物之本体本源，道生万物，道在物中，精微深远。

其中，《庄子》的文章以讲故事、议论、比喻、对话等方式表达哲学思想，这种形式的运用使得《庄子》的内容生动形象、富有感染力。庄子善于使用对比和比喻来表达哲学思想。这种比较形式常常具有极大的矛盾性和反讽性，具有很强的说服力。庄子在道论上，认为道为宇宙本源，具有超越性、具有普遍性，道是一个相通的整体，道为一切事物的本根，道不可感知和言说，但可以用生命来体征。

天地有大美而不言，四时有明法而不议，万物有成理而不说。
圣人者，原天地之美而达万物之理。

——《庄子·知北游》

庄子将道视为宇宙的根源和原则。他认为道是无形无物、难以捉摸的，超越了一切对立和界限。在人生论上，提倡顺从自然、效法大道。在知识论上，提倡消除"一偏之见"，把握绝对真理，以明净之心观照事物本然，从知识层面上升到超越层面。庄子主张顺应自然，追求无为而治。他认为自然界的运行是自发而无为的，而人应该放弃功利和人为干预，顺应自然的道。通过超越功利和个人欲望，人们可以达到真正的自由和无为状态。"知其不可奈何而安之若命，德之至也。"庄子对人性和社会规范进行了深刻的反思。他认为人的本性是自私和有限的，而社会规范则限制了人的自由和天性。他主张超越社会规范和人为价值的界限，回归到真实的自我和自然的本质。庄子的著作善于以幽默和寓言的方式表达。他通过讲述故事和寓言来说明他的思想观点，以引发读者的思考和领悟。他用轻松愉快的语言和幽默的方式，传达了他对生命和世界的深刻见解。

庄子的哲学思考以道为内在指向，将道作为形上领域的对象，具体表现为天道与人道的统一。庄子关注广义存在与人的存在，通过批判物化和以物易性的观念，追问人的存在意义，并提倡超越物化和符合人性的存在方式。他强调人性化存在的重要性，体现了对人的关切和内在的人道意识。庄子在讨论天人关系时，关注人自身的存在。尽管天往往被赋予理想化的形态，但在庄子的论述中，往往渗入了某种以人为导向的价值取向。

庄子的哲学思想中，以"齐物"立论和强调"道通为一"构成了另一个趋向。"齐物"或"道通为一"意味着超越分化和分裂的世界，要求摒弃基于成见的是非之辩，达到以道来观察世界的境界。

> 是亦彼也，彼亦是也。彼亦一是非，此亦一是非，果且有彼是乎哉？果且无彼是乎哉？彼是莫得其偶，谓之道枢。枢始得其环中，以应无穷。是亦一无穷，非亦一无穷也。故曰：莫若以明。
>
> ——《庄子·齐物论》

庄子强调存在的秩序，考察个体之间的沟通是否可能，关注基于天的统一性。然而，相对于统一性和整体性，庄子也突出了个体性原则，强调差异、偶然和多样性。庄子对个体的关注展现在不同的方面，包括注重德的本体论、以真人为理想人格的价值观、突出个体直觉和体悟的认识论等。庄子的道家哲学与儒家哲学的差异之一，也在于对个体和整体的侧重不同。庄子的"逍遥"展现了统一的精神境界，同时又以个体为主体，强调个体精神的不可消逝性。庄子将"逍遥"理解为个体的独立行动，逍遥游的根本特点在于超越外在限制而符合人性。逍遥中个体化的存在达到了完美的形态。

> 若夫乘天地之正，而御六气之辩，以游无穷者，彼且恶乎待
> 哉！故曰：至人无己，神人无功，圣人无名。
>
> ——《庄子·逍遥游》

庄子通过自由与自然的合一赋予逍遥以自然的内涵，展示了天与人的内在统一性。

生与死是人生中最重要且无法逾越的界限。庄子认识到生命的短暂和死亡的必然。他表达了对生命短暂性的深切感受，并认为个体人作为自然万物的一部分，受制于无法改变的客观规律。因此，死亡是必然的。庄子对生命的珍爱和对死亡的悲叹并存，并渴望超越生死困境，追求超脱。庄子认为个体生命除了受到自然界的生死限制外，还受到社会时势的制约。他指出，社会时势和评价标准是制约个体生命自由表达的客观力量，是造成生命困境的外在因素。庄子渴望追求一种超越时势的勇气和境界。他认为个体生命的困境还来自个体自身的情欲。他观察到人类普遍追求名利，爱好声色等物质享受，这是与生俱来的倾向，使人陷入各种忧虑和痛苦之中。

> 自事其心者，哀乐不易施乎前，知其不可奈何而安之若命，德
> 之至也。
>
> ——《庄子·人间世》

庄子主张超越利欲和喜怒哀乐等情感，认为它们是造成困境的害处。他将自由理解为心灵的自由，并认为其关键在于认知主体是否能够达到"齐物"的境界，即以超越的心态对待必然性的束缚。例如，庄周梦蝶，"不知周之梦为胡蝶与，胡蝶之梦为周与"的情境，即是在与蝴蝶的浑然为一中，"乘物以游心"，实现物我贯通，交相感化，体现了庄子在"独与天地精神往来"中追求着更高层次的心灵自由，从而臻达人与自然的融洽、物我之间的突

[元] 刘贯道《庄周梦蝶图》，美国私人藏

破。这是一种超越自己的"齐物"的心灵境界。

自由与不自由的区别在于认知主体的"齐"与"不齐"，即对事物差异性的理解和态度。"齐"意味着认知主体不执着于万物之别，能顺应自然、安于命运，抱持朴素真实的心态，从而实现生命处处自由；而"不齐"则意味着认知主体执着于万物之别，分割物我内外，违背自然、对抗命运，导致生命困境无处不在。自由与不自由源自主体之心，取决于是否执着于"成心"，即世俗之心，而庄子主张以"道心"即"齐物之心"去观照万物，消解分别之中的纠缠，获得自由。庄子认为，虽然事物存在差别，但对具有不同心态的认知主体而言，差别的意义是不同的。在"成心"的观照下，诸种差别成为命运对自由的负累；而在"道心"的观照下，万物的差别可以融为一体，超越必然而获得自由。

六合之外，圣人存而不论；六合之内，圣人论而不议；春秋经
世先王之志，圣人议而不辩。

——《庄子·齐物论》

庄子主张齐一万物，消除界限和对立，形成博大的胸怀、宽容的眼光，展现超越精神。在齐物的态度下，庄子进一步主张"齐生死"，超越生与死的界限，认为宇宙中没有人的生死，只有气的聚散或物的始终。庄子通过相对主义和本体论的观点，实现对生死困境的突破，达到心灵上的绝对自由。在这种观照下，其他困境如是非、贵贱、高下、大小、时命、情欲等都被消解和超越。庄子以此彻底突破生命的各种困境，实现心灵上的自由。

拓展阅读

1. 杨伯峻译注：《论语译注》，中华书局，1980 年。

2. 方勇译注：《墨子》（第 2 版），中华书局，2015 年。

3. 任继愈：《老子绎读》，北京：北京图书馆出版社，2006 年。

4. [战国] 韩非著，张觉等译注：《韩非子译注》，上海古籍出版社，2016 年。

思考探究

1. 百家争鸣对先秦诸子的说理风格造成了怎样的影响？

2. 如果庄子与孟子相遇，你认为他们可能主要会争论什么问题？谁会获胜？

第 **3** 讲

黄老的取向

—— 两汉辞赋中的哲学思想

　　辞赋作为一种文学体裁在中国文学史上具有重要地位。它最早流行于战国时代，发展于两汉时期，并在此后的历史时期得到进一步的演变和发展。它的特点是散韵结合，专事铺叙。汉赋繁复而富有节奏感，适合表现华丽的场景和情感。赋作为一种文体具有铺陈和直陈事物的特点，适宜口头诵读。它在形式上介于诗和散文之间，常采用主客问答的结构。最早以赋名篇的作品是荀子的《赋篇》，他借用了当时流行的隐语形式来写作。隐语是一种谜语，流行于春秋战国时期的宫廷和社会生活中，具有知识性和趣味性。荀子在《赋篇》中采用隐语的形式，既是受到了隐语的影响，也是为了在宣传自己的政治主张时吸引读者的注意。荀子的《赋篇》在体制上与后来的赋有很多不同，但奠定了赋的基本形体，并为后来的赋家所继承和发展。从赋的形式上看，在于"铺采摛文"；从赋的内容上说，侧重"体物写志"。汉赋的代表人物往往也是其时著名的思想家，故汉赋中包含着丰富的哲学思想。

● 一 汉赋与黄老道家

道家思想经过战国中期的发展，至齐国稷下学宫，出现了以慎到、环渊为代表的一批学者。他们开始以道家为本，吸收诸子百家尤其是法家的思想，形成了"以虚无为本，以因循为用"，强调人君南面之术的道家学派。他们假借黄帝与老子的名义，称自己为黄老道家。他们提倡"无为而治""顺其自然"的思想，主张通过顺应自然的方式来达到个人和社会的和谐。黄老道家所说的无为而治，认为通过无为的行动和无为的治理方式，可以实现社会的和谐与平衡。无为并不是指不做事，而是指摒弃人为的努力和执着，顺应自然的发展，让事物自然而然地达到适宜的状态。黄老道家思想对社会规范和人为价值进行了深刻的反思。他们认为社会规范和人为的价值观限制了人的自由和天性。他们主张超越社会规范和人为的界限，回归到真实的自我和自然的本质。

黄老学是将道家哲理与法治政治主张整合在一起的理论创新，形成了道法结合、以道论法的学术特征。这一整合满足了战国时期社会对富国强兵和以法治国的迫切需求，同时弥补了法家学说在理论上的缺陷。道家哲理的优势在于其形上思维和哲学深度，道家在本体论、宇宙生成论、辩证法、认识论等方面具有无可争议的优势。黄老学的学术特征表现为道家哲理与法治主张的成功整合，从而改变了疏离政治权力的态度，积极探讨治国之道，为道家提供了广阔的发展空间，同时也为法家提供了理论深度和推动变法运动的动力。黄老学的奠基之作《黄帝四经》将道与法结合，提出了"道生法"的命题，表明法是由道派生的，法治必须符合大道的要求，并用大道制约君权，推衍出具体的法治主张。"道生法"命题是整合道家与法家理论的先河，从道家的高度论证了法治的必要性、可行性、公正性和权威性，具有突破性的意义。

黄老学者也吸取了儒家学说的重要理念，如以礼治国、以德为政和重视道德教化，同时将其与法家的核心理念——以法治国有机地结合在一起。黄老学者最早意识到儒法两家的治国理念各有其价值和功用，开始了调和儒法的尝试。《黄帝四经》在强调以法治国的同时，认真对待和吸取了儒家的德治思想。其中，"刑德相养"的主张表明德化与刑法应该是相互配合和互补的，偏废任何一个方面都是不可行的。这一认识是古代思想家们在长期的政治实践和辩论中得出的结论，开辟了儒法结合、刑德并举的理论方向。黄老学者们在这一基础上继续探索，并做出了自己的理论贡献。

黄老思想在西汉盛行于世，对汉赋的价值取向有很大影响。在汉赋中，神仙不死思想是一种重要的主题和观念，它涉及对神仙、仙道以及超越凡人生死界限的探索和想象。汉赋中经常描绘仙境和仙山，在文学作品中提供了一种遥远而理想化的境界。这种思想也反映了古代中国人对生命意义和人类存在的思考，探索了生命的奥秘和超越人世的可能性。

《史记》中提及方士和汉赋，认为它们都迎合了帝王的好大喜功心理。汉赋多用铺张手法，通过渲染夸张、丰富辞藻甚至使用奇特字词来达到艺术效果。汉赋篇幅庞大，一些作品如《子虚赋》《上林赋》更是描述了宏大的空间和时间范围，这也与汉代社会的哲学取向与审美风尚有关。神仙家言和汉赋在一些方面有着相似之处，都将天人同类、宇宙观等思想引入其中。汉赋的大体制在儒学独尊后形成，在追求世俗享乐的同时也受到黄老学说的影响。汉赋作品追求宏大的视

[宋]佚名《仙山楼阁图》，辽宁省博物馆藏

野和深奥的思辨美，赋家们对审美追求有自觉性。方士和汉赋的发展与时代背景和需求密切相关，对赋家的心理与创作产生了重要影响。

⬛ 二 汉赋四大家与哲学

汉赋四大家是指司马相如、扬雄、班固、张衡四人。四人都有多篇代表性的名篇传世，在当时及后世文坛影响深远。这些名篇之中也富含着他们的哲学思想。例如，司马相如的《子虚赋》，其中的景色描写很明显地受到神仙思想的影响。

> 其山则盘纡茀郁，隆崇嵂崒；岑崟参差，日月蔽亏；交错纠纷，上干青云；罢池陂陀，下属江河。其土则丹青赭垩，雌黄白坿，锡碧金银，众色炫耀，照烂龙鳞。其石则赤玉玫瑰，琳珉昆吾，瑊玏玄厉，碝石碔砆。其东则有蕙圃，衡兰芷若，芎藭昌蒲，茳蓠蘪芜，诸柘巴苴。……于是郑女曼姬，被阿緆，揄纻缟，杂纤罗，垂雾縠。襞积褰绉，纡徐委曲，郁桡溪谷。衯衯裶裶，扬袘戍削，蜚襳垂髾。扶舆猗靡，翕呷萃蔡。下靡兰蕙，上拂羽盖。错翡翠之威蕤，缪绕玉绥。眇眇忽忽，若神仙之仿佛。

司马相如在赋中，用众多华丽优美的形容词描绘了山河土石，又不吝笔墨，夸张地描写仕女之美，如同仙界仙女一般。这种神仙和道家的色彩在《大人赋》中也得到了充分展现，甚至完全抛开了政教的尾巴。"大人"一词可能代表道家中的真人，文中与贾谊的《鵩鸟赋》中的类似描述以及《庄子》中关于道的注解相呼应。赋文中的"大人"和"真人"还带有游仙和求仙的色彩，表现出与神灵和仙人相伴的远游过程。此外，在司马相如的其他作品和古代封禅仪式中也可以看到类似的神仙思想的痕迹。左思在《三都赋·蜀都赋》中也提到相如等人沾染了道家思想，并赞扬了他们的文采飞扬。此外，司马迁将司马相如编入列传，可能也是因为他看出了司马相如思想中的道家色彩，故而将其视为时代精神的体现者之一。

又如扬雄，他本身也是著名的哲学家，会通儒家与道家思想，提出以"玄"作为宇宙万物根源之学说，并强调如实认识自然现象的必要，认为"有生者必有死，有始者必有终"，驳斥了神仙方术的迷信。在人性论上，扬雄主张"善恶混"，认为人性本身就是复杂而多样的，不应将人简单地归为善或恶，"人之性也善恶混，修其善则为善人，修其恶则为恶人"，善人、恶人之分则取决于后天的修养。在政治上，扬雄主张缓和社会矛盾。他批评了黄老思想的无为政治，认为儒家的德政和礼治是实现社会和谐的途径。尽管他重视法律的作用，但更看重礼义，主张改革弊政，减轻人民的苦难。在思想上，扬雄主张复兴正宗儒学。他反对过分依赖天命神学，主张用儒家传统的宗法伦理思想来调节人与人之间的关系。他强调孔子之道是治国兴邦的真理和判断是非的最高准则，并批评了歪曲孔学实质的伪孔学。此外，扬雄还表达了一定的无神论倾向，驳斥了多神论和神明仙道的迷信思想。他提倡"强学而力行"，强调学习与实践的统一。然而，他也过分推崇"玄"并夸大了圣人的作用，这体现了他的客观唯心主义观点。

众所周知，《法言》是扬雄模仿《论语》而创作的一部语录体著作，扬雄撰写这本书的目的是标举儒学以纠正其他诸子的观点。然而，仔细品味《法言》，就可以发现它吸收并内化了道家思想。虽然表示了"归宗孔门"的立场，扬雄对其他诸子的评述也是广泛的。在他看来，所谓的"诸子"是指儒家以外的先秦各家，扬雄对他们的评述既有肯定又有否定。他说："老子之言道、德，吾有取焉耳。及绲提仁义，绝灭礼学，吾无取焉耳。"又说："或曰：庄周有取乎？曰：少欲。"这表明扬雄确实吸收了道家学说，尤其赞同老子的道德观和庄子的"少欲"主张。他还说："邹衍有取乎？曰：自持。至周罔君臣之义，衍无知于天地之间，虽邻不觌也。"这表明扬雄并不排斥阴阳家的思想，尤其对邹衍的"自持"主张表示认可。当然，尽管有吸收其他思想的成分，总体上他对先秦诸子持批判态度。

扬雄知名赋作多以华丽铺陈为主，而其晚年颇以赋作无法达到讽谏效果而对汉赋创作持否定态度，甚至在《法言·吾子》中斥为"童子雕虫篆刻"，"壮夫不为"。这与他一贯的儒家立场有关。其少数赋作如《解嘲》"炎炎者灭，隆隆者绝""位极者宗危，自守者身全""惟寂惟寞，守德之宅"等，亦体现了道家思想的影响。

班固最负盛名的赋作是《两都赋》，其赋作与赋论包含了宇宙生成论和文艺起源，融合了道家的朴素唯物色彩和阴阳五行学说。"其宫室也，体象乎天地，经纬乎阴阳。据坤灵之正位，仿太紫之圆方。"他认为宇宙和文艺都由气生成，经过不同的变化形态。班固强调情感、精神和道德是人的内在存在，而文章则是外在显现。他将艺术视为具有社会功能的工具，强调艺术的审美感染力和社会功利性。班固的观点同时承认了儒家的礼乐教化及其和谐统一的世界观。他对环境、人的气质和文化传统对艺术风格的影响有深入的认识。总体而言，班固的观点综合了道家和儒家的思想，展示了汉代人普遍的认识和哲学体系的发展。

班固的人格审美主要基于儒家的中庸人格，要求对象的行为、情感和道德适度、中正、不偏不倚。他对人物的评价中包含了这种审美标准。当人物符合中和的审美标准时，他给予肯定性评价，如谦恭、恭谨、温良谦退、安和等。相反，当对象违背中和标准时，他给予否定性评价。班固的审美意识也体现在艺术领域，儒家的中和原则成为他审美意识的核心。他强调节制艺术的形式与内容，中和原则约束艺术的表现形式和情感。他对艺术的审美标准也体现了中和的思想，如乐的中和质性、雅的美在于正等。班固的审美意识贯穿于《汉书》的艺术表现中，他注重整体、秩序、规范，强调和谐审美的意识。然而，中和审美并不排斥有条件的艺术情感的多维性和风格的多样化。班固在人物形象的描写中也展现了一定程度的多维性，不同的人物形象

呈现出不同的审美特点，但都在中和的度量之内。因此，班固的中和审美既偏向整体、秩序和规范，又具有一定程度的多维性。

张衡的《两京赋》《思玄赋》等赋作中也体现了道家哲学的思想和处世观。"御六艺之珍驾兮，游道德之平林。结典籍而为罟兮，驱儒墨而为禽。玩阴阳之变化兮，咏《雅》《颂》之徽音。"张衡在宇宙研究方面受到了道家哲学的影响。他探索天体和宇宙规律，运用阴阳的概念来阐述天地的动静规律。他认为阳代表天体的运动，阴代表地的静止，通过阴阳的互动和变化来揭示宇宙的统一性和多样性。张衡对生死有着深刻的思考，他将生与死看作一个合体自然的过程。他认为生死是一个统一的整体，与自然界万物的生成、发展、消亡过程相类似。这种生死观体现了道家哲学中对生命的看待和对自然规律的认知。张衡运用阴阳的概念来解释自然界的运动和变化。他将阴描述为元气的朴素和物质的原始特征，将阳描述为阴阳对立力量的流动。他通过研究阴阳的运动、变化和发气过程，揭示了宇宙中阴阳两种物质的相互作用和统一性。张衡继承了道家思想中的自然观，认为天地万物都由元气构成，元气是宇宙的起源。他强调自然界的混沌原始状态，将天地的形成看作元气的演化过程，体现了道家对自然界万物的生成和发展的理解。

三 贾谊《鹏鸟赋》中的哲学思想

《鹏鸟赋》是我国赋史上第一篇成熟的哲理赋，也是汉代第一篇说理赋，它预示着一种新赋体的产生。它讲的是哲理，却并不使人感到枯燥。鹏（fú）鸟，即猫头鹰。此赋借与鹏鸟问答以抒发自己忧愤不平的情绪，并以老庄的齐生死、等祸福的思想以自我解脱。在活着的时候，如果已将好恶之心去除，那么死亡到来的那一刻，就寻常得跟生命中的其他时刻一样了。作者渲染了一种无欲无求、悠逸宁静的生活态度，表现的是乐观而豁达的精神世界。

[商] 妇好鸮尊，青铜器，河南博物院藏

且夫天地为炉兮，造化为工；阴阳为炭兮，万物为铜。合散消息兮，安有常则？千变万化兮，未始有极！忽然为人兮，何足控抟；化为异物兮，又何足患！小智自私兮，贱彼贵我；达人大观兮，物无不可。贪夫殉财兮，烈士殉名。夸者死权兮，品庶每生。怵迫之徒兮，或趋西东；大人不曲兮，意变齐同。愚士系俗兮，窘若囚拘；至人遗物兮，独与道俱。众人惑惑兮，好恶积亿；真人恬漠兮，独与道息。释智遗形兮，超然自丧；寥廓忽荒兮，与道翱翔。乘流则逝兮，得坎则止；纵躯委命兮，不私与己。其生兮若浮，其死兮若休；澹乎若深渊之静，泛乎若不系之舟。不以生故自宝兮，养空而浮；德人无累兮，知命不忧。细故蒂芥兮，何足以疑！

贾谊创作《鵩鸟赋》时正处于人生的低谷时期，情绪低落。根据史料记载，贾谊在长沙居住期间，有一只鵩鸟飞入他的住所，并停留在角落里。鵩鸟被认为是不祥之鸟。贾谊此时身处长沙的卑湿环境，有感而发，于是写下了《鵩鸟赋》，赋文借鵩鸟之口对答，表达了自己对于前途、命运、生死的态度。这篇赋文将抽象的说理与跌宕的史实、贴切的比喻相结合，生动、细致地写出了贾谊对客观事物的观察和理解，例如"水激则旱兮，矢激则远，万物回薄兮，振荡相转""天地为炉兮，造化为工；阴阳为炭兮，万物为铜"。

贾谊的人生境界建立在他对宇宙间万事万物的思索之上。他认为世界是一个不断流变的过程，万物处于持续的变化中。贾谊比喻万物的变化如同流水不断延绵，时而前进，时而回归，无法言说，类似阴阳二气的消散和聚合。他将人生也看作一个"化"的过程，认为人与人生都处于生与死、福与祸、喜与忧、成与败、爱与恨的变化和转化之中。他认为祸福、吉凶互相依存、互相转化。

贾谊的观点深受庄子的影响，庄子强调生与死是由无到有、由有到无的自然演化过程，不值得悲伤与哭泣。贾谊认同庄子的观点，认为整个世界都处于"化"的过程中，生死变化快速且不可阻挡。因此，贾谊的人生观建立在他的宇宙观的基础上，他对世界的思考使他深刻理解了变化的本质，以及生死、祸福等事物的相互转化和依存关系。这种观点揭示了人生和宇宙的本质，可以引发人们对存在和变化的深思。

拓 展 阅 读

1. 汪小洋：《汉赋文化史论》，东南大学出版社，2021年。

2. 郑万耕：《扬雄及其太玄》，巴蜀书社，2018年。

3. 李天道：《司马相如赋的美学思想与地域文化心态》，中国书籍出版社，2019年。

4. 王兴国：《贾谊评传》，南京大学出版社，1992年。

思 考 探 究

1. 汉赋与儒学的关系是怎样的？

2. 汉赋四大家中，谁的哲学思想在赋作中体现得最为明显？为什么？

第 **4** 讲
多维的价值

——唐宋诗词中的哲学思想

中国古诗至唐代发展至鼎盛，唐诗的形式和风格是丰富多彩、推陈出新的。它不仅继承了汉魏民歌、乐府传统，而且大大发展了歌行体的样式；不仅继承了前代的五言、七言古诗，而且发展为叙事言情的鸿篇巨制；不仅扩展了五言、七言形式的运用，还创造了风格特别优美整齐的近体诗。宋词在中国文学史上亦被誉为时代文学，具有独特的艺术特征。它注重意境情感之美，通过精妙的描写和真挚的情感抒发，营造丰富的艺术氛围。同时，宋词追求字面的美感和音律的和谐，注重抒情与写景的结合。尤其在描写爱情方面，宋词表现细腻动人，成为不可或缺的艺术形式。唐宋以来，诗词作为中国社会最流行的文体，也包含了丰富的中国哲学思想。

● 唐宋诗词中的哲理取向

唐宋诗词所蕴含的哲理内容是比较丰富的。其中有许多是后人欣赏过程中的再创造。无论是诗人本身寄寓也好，还是后人赋予也好，这些诗句往往运用比喻、象征的手法，借助诗中意象说理，使承载的哲理具有鲜明的形象性。

在唐代的诗歌中，儒家思想是一种重要的文化背景和思想脉络。许多唐代的诗人受到儒家思想的影响，他们在作品中融入了儒家的价值观念、人生哲学和道德观念。例如，杜甫"会当凌绝顶，一览众山小"的名篇《望岳》，就化用了孔子"登泰山而小天下"的典故，抒发了诗人奋发有为的志向。儒家思想中强调个人修身、齐家、治国、平天下的理念也在唐诗中得到体现。一些诗人在作品中反思自己的修身之道，呼吁人们尽心尽力地履行自己的社会责任。例如，李贺《南园十三首》其五云："男儿何不带吴钩，收取关山五十州？请君暂上凌烟阁，若个书生万户侯。"

词在入宋之后得以迅速发展，成为一代文学之盛。其中一个关注点是如何将俗音与儒家的雅正思想相融合，使词体复归儒家的文学精神。在宋词的发展史中，早期就存在着雅俗之辩。柳永是对宋词发展有重大贡献的词人之一，他的词被广为传唱，其著名的《雨霖铃·寒蝉凄切》描绘"多情自古伤离别，更那堪、冷落清秋节"，是婉约词的代表作。但柳永的仕途不顺与仁宗皇帝和贵族士大夫对他的排斥密切相关。因此，他在《鹤冲天》中感叹："黄金榜上。偶失龙头望。明代暂遗贤，如何向？未遂风云便，争不恣狂荡。何须论得丧。才子词人，自是白衣卿相。……忍把浮名，换了浅斟低唱。"晏殊在批评柳永时曾指出他的词过于艳丽。事实上，柳永的词涵盖了雅与俗两个方面，尽管其雅词的数量远多于俗词，但仍受到文人士大夫的鄙视。而欧阳修作为北宋文坛的领袖，虽然也写过一些轻艳之词，但后人多以"伪作"辩解其词中的俗艳因素。黄庭坚则对晏几道的词评价较高，但对于其中的酒色之娱和裙裾之乐则持谴责态度。在词的抒情品位提高方面，李清照在《词论》中提出了具体的审美标准，强调词作应当典雅含蓄，具有情致风韵，这总结了北宋正统词学观的要点。李清照的"雁字回时，月满西楼""睡起觉微寒，

梅花鬓上残"等词句，正是
这种标准的体现。

在唐代的诗歌中，道家
思想也有很多体现。唐代的
一些诗人受到道家思想的影
响，他们在作品中融入了道
家的哲学观念、自然观和修
身养性的思想。道家追求清
静、返璞归真的境界，唐诗
中也体现了这种追求。一些
诗人通过描绘山林田园、追
求宁静自省的生活状态，表
达了对世俗纷扰的厌倦和对
宁静平和的追求。例如，诗
人王维的《竹里馆》一诗："独
坐幽篁里，弹琴复长啸。深
林人不知，明月来相照。"

《竹里馆》诗意图，出自明刻本《唐诗画谱》

宋代苏轼深受庄子思想的影响，他的词作中体现了"齐是非"的观念。
他表达了一种"是非齐一，物我两忘"的自然心态，强调坦然接受命运，顺
其自然地行事。苏轼宽容待人，甚至宽恕加害他的人，这是庄子"齐是非"
观念的直接体现。例如其《定风波》：

　　莫听穿林打叶声，何妨吟啸且徐行。竹杖芒鞋轻胜马，谁怕，
一蓑烟雨任平生。　　料峭春寒吹酒醒，微冷，山头斜照却相迎。
回首向来萧瑟处，归去，也无风雨也无晴。

东坡词意图，出自明刻本《诗余画谱》

晚年的苏轼通过欣赏金山寺中李公麟所画的东坡像，回顾自己的一生，并在诗作《自题金山画像》中表达自己达到了无是非的境界，去除了成见和不自然的东西，实现了自然生命的真正意义——"心如已灰之木，身如不系之舟。问汝平生功业，黄州惠州儋州"。

在唐代诗歌中，佛教思想也是一种重要的思想源泉。佛教的教义和修行观念渗透到了许多唐诗中，表现出诗人们对于人生、悟道和解脱的思考。佛教强调追求内心的宁静与空寂，以达到智慧与解脱的境地。唐诗中经常描绘僧人静坐禅修、思考人生与宇宙的虚幻与无常。这些描写表达了对超越尘世纷扰的向往，追求心灵的平静与超脱。

王维是唐代山水田园诗派代表之一，他创作了众多山水诗和田园诗，同时也创作了与佛教和禅宗相关的诗歌，被称为佛教诗。他的佛教诗不仅在唐诗中开辟了新的题材领域，而且丰富了他的人生哲学和艺术审美观。这也是后人称他为"诗佛"的原因。他的诗歌《辛夷坞》云："木末芙蓉花，山中发红萼。涧户寂无人，纷纷开且落。"通过花自开落水自流的意象，表现出诗人的佛禅境界及其与自然融为一体的情感，是彰显"无我"之境的典型之作。

其《胡居士卧病遗米因赠》一诗，以"了观四大因，根性何所有""有无断常见，生灭幻梦受""无有一法真，无有一法垢"等诗句，呈现了佛学中关于"缘起聚合，万物皆幻"的法理，阐发了佛家学说的"因缘论"，认为佛教中的"四大"（指地、水、火、风）是构成世界万物的基本元素，它们既因缘聚合而生出万物，又因缘离散而使万物消失。世间万物的生成、形成、消失和毁灭都是无常变化的。因此，如果能清醒地认识到外境和物体的虚幻无实，就不会被它们所污染，更无法影响人的情感。再如唐代诗人常建的《题破山寺后禅院》一诗："清晨入古寺，初日照高林。竹径通幽处，禅房花木深。山光悦鸟性，潭影空人心。万籁此俱寂，但余钟磬音。"生动地写出了深山古寺的清幽静寂和山光潭影的澄明境界。

宋人也广泛受到佛教的影响，这促使他们在诗词中阐发佛理和禅机，或者以佛教观念来观照自然和人生。尽管这类作品中有些充满空言的理论，说教性强，显得枯燥乏味，缺乏情趣，但值得称道的是，更多的作品能够通过形象的比喻和生动的意象表达佛家深奥的哲理，甚至将其融入情感的表达中，达到情理交融的艺术境界。这就使得读者在受到词的情感感动的同时，也能获得更多的感悟和启迪。佛理的渗入使得诗词呈现出一种特殊的"理趣"。例如王安石的《即事二首》：

云从钟山起，却入钟山去。借问山中人，云今在何处？

云从无心来，还向无心去。无心无处寻，莫觅无心处。

又如黄庭坚的《诉衷情》：

一波才动万波随，蓑笠一钩丝。金鳞正在深处，千尺也须垂。

吞又吐，信还疑，上钩迟，水寒江静，满目青山，载月明归。

此词借用唐代船子和尚偈语，阐发了放下得失方得悟道的禅机，正所谓"有心求之不可得，无心求之盈满舱"，意境深邃，回味无穷。

二 "诗言志"与儒家的诗教传统

中国诗论一直秉承《尚书》之传统，对"言志"颇为重视。

> 诗者，志之所之也，在心为志，发言为诗，情动于中而形于言。言之不足故嗟叹之，嗟叹之不足故永歌之，永歌之不足，不知手之舞之，足之蹈之也。

《毛诗序》将心内之意描绘为"志"与"情"，认为其以言语表达出来就成了诗歌。这样的理解，正是将抒情写意视作诗歌的本质特征。后世之诗论，有重"言志"者，以讽谏教化为诗之特质；有重"缘情"者，以绮靡秀丽为诗之本然；有视二者为一事者，"情志一也"。但无论哪一种，其重点都在于抒发个人之志意，并认为唯其如此才有艺术价值，才可以打动他人。"诗言志"强调诗歌作为一种文学形式，不仅仅是为了表现美感，更重要的是用来表达作者对人生、社会、自然等方面的思考和感悟。

自《诗经》以来，"诗言志"便在中国诗歌中开始践行。《诗》三百篇，多为抒情言志之作，其中之名篇，更是皆以情胜。唐代是中国诗歌发展的成熟阶段，名家辈出，各领一时风骚，其传世巨作，无不尽抒己意，而成一贯之风格。王昌龄青年投笔从戎，远赴边塞，其志高远，其意洒脱，故诗篇雄浑明快，后世称之"七绝第一"。如"秦时明月汉时关""青海长云暗雪山"等句，虽纯是写景，不掩苍凉豪迈之意，正是践行其自身之诗论："凡诗，物色兼意下为好。若有物色，无意兴，虽巧亦无处用之。"又如杜甫，一生颠沛流离，见证了唐王朝的盛衰之变，故诗篇沉郁顿挫，忧国忧民。"三吏"

"三别"虽多用白描，已写尽胸中之意。正如司马光所言："古人为诗，贵于意在言外，使人思而得之，故言之者无罪，闻之者足以戒也。近世诗人惟杜子美最得诗人之体。"总而言之，中国古代诗歌以言志咏怀为理念，以抒情写意为主线，是一贯的传统。

中国传统文学理论强调的诗教原则通过"文以载道"的方式实现。孔子认为，启迪人心的诗应符合"思无邪"，即正统、符合礼仪规范，使人性复归自然。中国古代诗教原则的核心在于将"诗言志"与"思无邪"相结合，演变为以文学作品承载道德、正义、伦理的"文以载道"思想。在儒家思想中，道指的是儒家之道，强调礼乐教化和王道政治的实践。儒家之道经历了不同历史阶段的演变，包括政治儒学向心性儒学的转变。唐宋时期，"文以载道"成为古代诗学理论实现教化目的的有效方式。刘勰在《文心雕龙》中强调了"文以载道"的重要性，认为文具有德性，并通过道的存在产生感化和教化的作用。

在唐代的古文运动中，韩愈和柳宗元作为代表的文人，以儒家思想为基础，倡导了"文以明道"的理念，强调文学的教化作用，并为儒家的文学教化理论在封建社会中的发展提供了有效途径。韩愈将孔孟并称，将儒家的内圣之道归功于孔子，并认为师道传承是人类掌握道德知识的重要方式。他强调文学应当表现儒家的仁义道德和政治主张，以"明道"为内容，而不仅仅追求华丽辞藻。柳宗元也坚持"文以明道"的观点，认为文学应当通过表达道德，将道理传达给人们。在唐宋古文运动的影响下，"文以明道"逐渐演变为"文以贯道"的思想，强调文学承载和传达道德理念。到了宋代，欧阳修提出文学应该为道服务，强调学者不应只追求华丽的辞章，而应将道理融入文章中。这一思想得到后来文学家如苏轼、陆游的支持。

宋代的道学家在文与道内在统一性的理论上取得了重要突破。道学吸收了道家和佛家的思想，将儒家的"仁"提升为"天地生物之心"，使儒学具备了"即物而在"的性质，确立了儒家的哲学本体论。道学家主要有周敦颐、程颢、程颐、张载和朱熹。周敦颐认为文学应该承载道德，将道理传达给人们。他强调道为实体，文应依附于道。然而，周敦颐并未充分表现道学家的体用思想，仍然将道和文割裂开来。朱熹彻底解决了文与道的内在统一性问题。他明确指出道为文的根本，文为道的枝叶。文是道的显现，只有以道为根本，文才能真正表达道。朱熹从体与用的关系入手，清晰准确地阐明了道与文的关系，确立了"文以载道"思想。在唐代古文运动和宋代道学家的努力下，"文以载道"理论得以成熟，并成为中国古代诗学理论的核心观念。

从唐宋到明清，以"文以载道"的方式实现文学的教化作用一直是中国文学理论与实践的主导理念。儒家的诗教原则在中国古代文学中得到确立，并逐渐影响越来越大。

三 理学诗与中国哲学

理学（道学）是中国封建社会后期的统治思想，于宋代形成、发展并确立为统治思想。宋代理学家们除了探究义理之学外，还以诗歌形式阐述其学说。周敦颐、邵雍、张载、程颢、程颐、杨时、朱熹等理学家都有诗歌作品，展现了理学诗的特点。

理学家的诗歌分为言理和吟咏性情两类。他们认为诗歌以比兴表达圣人的义理之秘。相较于汉代儒者偏重吟咏性情，理学家更注重将性情归于正道，净化其表达。他们认为性情是被理性提炼的抽象概念，不沉溺于消极情感。孔子也被理学家视为主张吟咏性情的榜样。

北宋的理学家多能作诗，从生活实际出发，从自然景物中悟道，理论见解寄于言外，往往能即事明理，并不迂腐。理学诗的发展和流行，与宋代理学思想的兴起和传播密切相关。理学提倡通过学习经典和观察自然现象来认知道理和发展自己的道德品质。理学诗在这一思想背景下，通过诗歌的形式来表达人们对于人生、自然、本体等方面的思考和感悟。

[元] 刘敏叔《三夫子像：程颢、程颐、朱熹》，美国弗利尔美术馆藏

在所有的宋明理学诗中，最为人所熟知的大概是王阳明的"不离日用常行内，直造先天未画前"。这句诗不只道透了宋明理学的根本要义，也同样淋漓地展示了理学的美学取向，即在日常的一言一行、一草一木、一人一事中寻求大道之美。之所以能够如此，是因为万事万物中同具一理的缘故。朱熹的理学诗在这样的审美取向上，可以说是做到了极致。在朱熹最著名的《观书有感二首》中，就体现出这样的特色。

半亩方塘一鉴开，天光云影共徘徊。问渠那得清如许？为有源头活水来。

昨夜江边春水生，蒙冲巨舰一毛轻。向来枉费推移力，此日中流自在行。

朱熹像

这两首诗歌清丽秀美，虽然表面看来与理学似乎没有任何关系，而是单纯对景色的描写，不过如果对朱熹的理学修行论有所了解，对应而读，就会恍然大悟这并非写景之诗，而是对理学修行次第的描绘。朱熹理学的教人之法，是《补大学格物致知传》中所说的："人心之灵莫不有知，而天下之物莫不有理，惟于理有未穷，故其知有不尽也。是以《大学》始教，必使学者即凡天下之物，莫不因其已知之理而益穷之，以求至乎其极。至于用力之久，而一旦豁然贯通焉，则众物之表里精粗无不到，而吾心之全体大用无不明矣。"源头活水，便是"日新"，是"格物"，久而久之，终有"蒙冲巨舰一毛轻"，即豁然贯通的一天。但无论是否了解其中深意，这两首诗都不失为好诗，其中妙处不问可知。朱熹的另两首名作《春日偶作》与《春日》也是同样的风格。

闻道西园春色深，急穿芒屩去登临。千葩万蕊争红紫，谁识乾坤造化心。

——朱熹《春日偶作》

胜日寻芳泗水滨，无边光景一时新。等闲识得东风面，万紫千红总是春。

——朱熹《春日》

这两首诗与以上两首的风格与对应关系都是一致的。"去登临"寻春是去格物致知，一旦"识得东风面"——理体之后，则万事万物同归一理，便无不是春。同样，从诗的字眼中看不出理学的痕迹，但其根本精神与所表达的内容，则毫无疑问是纯正的理学。这种"日用—先天"的双重美感，便淋漓尽致地在淡雅的文字中表现出来。

拓 展 阅 读

1. 顾彬：《顾彬唐诗九讲》，吴娇编，商务印书馆，2020 年。

2. 王倩：《朱熹诗教思想研究》，北京大学出版社，2009 年。

3. 黄坤译注：《朱熹诗文选译》，巴蜀书社，1990 年。

思 考 探 究

1. 请结合你最喜欢的唐宋诗词，尝试阐发其中的哲学意蕴。

2. 理学诗能够在文学和哲学领域都取得较高成就的原因是什么？

第 **5** 讲
世俗的关怀

—— 古典小说中的哲学思想

  中国古典小说是一座博大精深的文化宝库，其中融入了多种哲学思想，如儒家、道家、佛教等，这些思想反映了古代中国社会的伦理观念和价值观。儒家思想的影响可见于小说中角色之间的家庭关系和社会伦理，如孝道、仁爱和忠诚的体现，这在《红楼梦》等作品中尤为显著。道家思想强调"无为而治"，追求自然法则和平衡，一些小说中的主人公通过追求道家哲学中的平静和谐来解决问题。佛教思想则散见于小说中，常常以慈悲、因果和超脱尘世的方式表现，例如《西游记》中孙悟空的修行与佛法的教导。命运与宿命的探讨也在一些小说中引发深刻的思考，从贾宝玉的悲剧命运到孙悟空的历险，这些情节都反映了古代中国文化对于世俗的关怀，对于人生和命运的思索。这些哲学思想不仅赋予古典小说深刻的道德和伦理内涵，同时也为故事情节和角色塑造提供了重要的背景和动力，使古典小说成为中国文化丰富多彩的一部分，展现了其多元性和丰富性。

一　中国志怪小说、世情小说的产生与发展

　　志怪小说是中国古典小说形式之一，以记叙神异鬼怪故事传说为主体内容，流行于魏晋南北朝，代表作品如东晋干宝的《搜神记》。此时期的志怪小说与当时社会的玄学风气以及佛教、道教的传播有直接关系。王国良先生在《六朝志怪小说考论》中曾将这一时期志怪代表性的内容总结为十三类，即神话传说、阴阳数术、民间信仰、精怪变化、鬼神灵异、殊方异物、服食修炼、仙境传说、异类婚姻、宗教灵验、冥界游行、因果报应、佛道争胜。可见其所记范围之广阔，事物之庞杂，几乎到了无所不包、无所不记的程度。进入唐代之后，志怪创作的风气依旧不减，而且除了原有的志怪形式继续发展，又出现了"传奇"这一新的小说类型。中国志怪小说的特点是充满了神秘、离奇的情节和形象，其中既有悲剧和恐怖的元素，也有幽默和讽刺的元素。这些小说常常通过描写人与神怪的斗争、人类追求超凡力量和永生的渴望，

《搜神记》书影

探讨人性、道德、命运等深层次的问题。志怪小说既有文人创作的作品，也有流传民间的口头传说，它们反映了古代社会的思想观念、宗教信仰、民间传统等方面的内容。这些故事在文化传承和社会意识形态的传播中扮演了重要的角色，并对后世文学产生了深远的影响。

　　世情小说是中国古典白话小说的一种，又称为人情小说、世情书等。主要是指宋元以后内容世俗化、语言通俗化的一类小说。世情小说具有鲜明时代特征和社会观察性质，主要描述和揭示社会生活、人情世态以及人际关系等方面的现实问题。它以真实生活为素材，以塑造形象和刻画人物心理为重

点，通过故事情节和人物形象的展现，反映社会风俗、伦理道德、人性善恶等方面的现象和问题。从鲁迅《中国小说史略》起，学术界一般又用世情小说（或人情小说）专指描写世俗人情的长篇。从明万历间到清朝末年，世情小说成了通俗小说最主要的类型，作品涵盖了广泛的社会题材，包括官场、家族、婚姻、商业等各个领域。它以生动的描写、独特的语言风格和细腻入微的情感刻画著称。例如，以日常家庭生活题材来表现社会生活的《金瓶梅》。其后的"才子佳人"小说则以典雅唯美的方式来表现家庭生活、两性关系，作品如《玉娇梨》《平山冷燕》《宛如约》《定情人》等。清中期以后，世情小说中出现了堪称其顶峰的《红楼梦》。

二 《西游记》中的哲学思想

《西游记》是我国文学史上最为人所熟知的志怪小说。吴承恩运用浪漫主义手法，描写了一系列妙趣横生、引人入胜的神话故事。《西游记》以唐僧西天取经为主线，塑造了孙悟空这个超凡入圣的理想化的英雄形象，表现了鲜活的人间智慧，具有丰满的现实血肉和浓郁的生活气息。《西游记》不仅具有很高的文学价值，也是中国文化的重要组成部分，被视为中国古代小说的巅峰作品之一。小说中融合了佛教、道教、儒学、民间信仰等多种文化元素，刻画了众多形象鲜明的人物。

《西游记》是中国古代四大名著之一，以丰富的想象力和独特的世界观而闻名。《西游记》虽然表面上描写的是佛教信徒的求法，但其世界观综合了佛教与道教的世界理解，儒家思想也在其中有所展现，而且对"三教"的价值体系有着批判性的思考。《西游记》的世界观应该是以现实的中土，佛教的四大部洲，道教的十洲三岛和《山海经》部分设定相结合的。

《西游记》以佛教为主要背景，佛教的思想贯穿整个故事。取经的旅程也代表了人修行的过程，即通过克服各种困难和试炼，达到悟道成佛的目标。

小说中的角色面临各种善恶的考验和诱惑，他们通过修行和奋斗，与心中和外在邪恶进行对抗，维护正义，求取道果。这一对抗过程揭示了善恶的斗争和人性的选择。《西游记》的世界观不仅仅是一部神话奇幻小说的背景，更是对人性、善恶、修行、道德等重要哲学问题的思考。

《西游记》通过对心性的体认展现了明心见性的特征。佛教认为心性即佛性，对心性的不断体认是为了去蔽，使心清静。孙悟空在小说中经历了大闹天宫、被压五行山和西行取经的过程，隐喻着放心、定心和修心的全过程，也是明心见性、自度成佛的过程。他通过明心见性找到了心头的灵山，即心即佛，成为斗战胜佛。明心见性在其对自我价值的肯定上也得到了体现，孙悟空坚信"强者为尊该让我"，表现出对自我价值的坚定认同。对完美人性的追求是明心见性的另一表现，即通过修习和去蔽来实现人性的自我完善。孙悟空为了追求理想，历尽艰辛，不计私利，矢志不移，体现了为理想而献身的精神，对人性完美的追求。《西游记》中的明

真假美猴王、三调芭蕉扇，出自中国邮政 2021 年《西游记》特种邮票

心见性主题是对心学的彰显，在明心见性的过程中实现自我与走向圆满。这不仅是宗教命题，也是文化和社会命题，展示了一个美好世界的可能性。因此，《西游记》不仅是一部具有时代特征的神魔小说，更是昭示了人类社会生存与发展真谛的文化作品。

《西游记》的具体情节之中，多蕴含着哲学的巧妙思考。比如"六耳猕猴"一难中，对主体心魔的暗喻与描绘，表达了对主体意志的深入思考。"如来降天花普散缤纷，即离宝座，对大众道：'汝等俱是一心，且看二心竞斗而来也。'大众举目看之，果是两个行者，吆天喝地，打至雷音胜境。"

在《西游记》的文本中，以佛教的心性观点解释的文字、名词术语比比皆是。例如，在第一回中就明确提到了"明心见性"四个字，这是禅宗核心思想的体现。孙悟空寻找花果山水帘洞的过程中，花果山被描述为"心"山，水帘洞中的水帘则是人心中的"心"字。猴王找到菩提祖师的住处灵台方寸山和斜月三星洞，这些地名也与心性相关。可以推测，菩提祖师即是猴王自己的菩提心，他要猴王从身上取姓，即是要让猴王认识自己的本来面目，体现了一切物质都具有佛性的禅宗思想。佛教认为"三界唯心，万法唯识"，心生法生，心灭法灭。在《西游记》中，孙悟空学习变化之前，菩提祖师说他没有"腮"（心思），但孙悟空却有"嗉"（心术）。这说明思虑的存在会引发变化，而变化源自心，因此"七十二变"是人心的功能，每个人都具备。而筋斗云则代表着念头的翻腾。禅宗认为，"念"字源于今，即现在的心，当下之心即是念。一念之见，可以带人穿越千里。西方极乐世界离我们有十万八千里，一念善时，可以一筋斗到达极乐世界；一念迷时，又可以一筋斗回到苦海。这体现了"西天不在身外，净土只在心田"的思想。

三 《红楼梦》中的哲学思想

《红楼梦》是中国古典世情小说的巅峰，小说以贾、史、王、薛四大家族的兴衰为背景，以富贵公子贾宝玉为视角，以贾宝玉与林黛玉、薛宝钗的爱情婚姻悲剧为主线，描绘了一些闺阁佳人的人生百态，展现了真正的人性美和悲剧美，可以说是一部从各个角度展现女性美以及中国古代社会百态的史诗性著作。小说以贾宝玉为中心，描写了贾家的兴衰和封建社会的种种弊端所带来的严重后果。通过描写贾府中人物之间的复杂关系，展示了封建家庭的内在矛盾和衰败，从而反映出整个封建社会的危机。

《红楼梦》中包含有大量的哲学理论描写，如开篇的"阴阳二气"说，贾宝玉的参禅悟道，以及其对儒家经典的点评，都能看出作者对中国哲学的深刻理解。

雨村道："天地生人，除大仁大恶两种，余者皆无大异。若大仁者，则应运而生；大恶者，则应劫而生。运生世治，劫生世危。尧、舜、禹、汤、文、武、周、召、孔、孟、董、韩、周、程、张、朱，皆应运而生者。蚩尤、共工、桀、纣、始皇、王莽、曹操、桓温、安禄山、秦桧等，皆应劫而生者。大仁者修治天下，大恶者扰乱天下。清明灵秀，天地之正气，仁者之所秉也；残忍乖僻，天地之邪气，恶者之所秉也。今当运隆祚永之朝，太平无为之世，清明灵秀之气所秉者，上至朝廷，下至草野，比比皆是。所余之秀气，漫无所归，遂为甘露，为和风，洽然溉及四海。彼残忍乖僻之邪气，不能荡溢于光天化日之中，遂凝结充塞于深沟大壑之内，偶因风荡，或被云摧，略有摇动感发之意，一丝半缕误而泄出者，偶值灵秀之气适过，正不容邪，邪复妒正，两不相下，亦如风水雷电，地中既遇，既不能消，又不能让，必致搏击掀发后始尽。故其气亦必赋人，发泄一尽始散。使男女偶秉此气而生者，上则不能成仁人君子，下亦不能为大凶大恶。置之于万万人之中，其聪俊灵秀之气则在万万人之上；其乖僻邪谬不近人情之态，又在万万人

警幻仙曲，出自 [清] 孙温《红楼梦》绘本册页，旅顺博物馆藏

大观园，出自 [清] 孙温《红楼梦》绘本册页，旅顺博物馆藏

之下。若生于富贵公侯之家，则为情痴情种；若生于诗书清贫之族，则为逸士高人；纵然偶生于薄祚寒门，断不能为走卒健仆，甘遭庸人驱制驾驭，必为奇优名娼。如前代之许由、陶潜、阮籍、嵇康、刘伶、王谢二族、顾虎头、陈后主、唐明皇、宋徽宗、刘庭芝、温飞卿、米南宫、石曼卿、柳耆卿、秦少游，近日之倪云林、唐伯虎、祝枝山，再如李龟年、黄幡绰、敬新磨、卓文君、红拂、薛涛、崔莺、朝云之流：此皆易地则同之人也。"

《红楼梦》第一回的楔子介绍了小说创作缘起，以及其中所涉及的"空""色"和"情"之间的关系。在这里，曹雪芹并非为了宣扬佛家的"色空"观，而是以"情"为核心构建了小说的哲学逻辑结构。佛教的"色空"观认为一切物质现象都是虚幻不真实的，但曹雪芹在小说中加入了"情"的概念，将其作为"空"和"色"的中介。他认为通过感受物质世界的作用，人们产生情感，并将这种情感再次作用于物质世界。最终，通过情感与物质的对立统一，人们能够觉悟到"空"的本质。曹雪芹通过创造"空空道人"这个角色，表达了情感战胜空虚的主题。在小说中，青埂峰下的顽石转变为宝玉的过程，代表着从虚幻世界到现实世界的转变，从而点明了"空""色"和"情"的关系。因此，曹雪芹以"情"为起点和终点，通过情感的历程展示了"空空道人"的成长和觉悟，进而呈现了《红楼梦》中关于情感和人性的丰富内涵。

《红楼梦》里有一段宝钗过生日的描写。贾母拿出二十两银子给宝钗过生日。宝钗知道贾母喜欢热闹，就点了一出《鲁智深醉闹五台山》。宝玉不喜欢，嫌太吵。宝钗念道：

　　漫揾英雄泪，相离处士家。谢慈悲剃度在莲台下。没缘法转眼分离乍。　　赤条条来去无牵挂。那里讨烟蓑雨笠卷单行？一任俺芒鞋破钵随缘化！
——《红楼梦》第二十二回"听曲文宝玉悟禅机　制灯谜贾政
悲谶语"

宝玉听了，喜得拍膝画圈，称赏不已，又赞宝钗无书不知。究其词义，分离常突然而至，来与去都是"赤条条"，也就"无牵挂"。但世人本心大多眷恋姹紫嫣红，"画檐蛛网，尽日惹飞絮"，徒劳牵挂。场面的热与文意的冷形成对照，发人深省。透过热闹看到生命本旨，正是宝钗的智慧所在。

《红楼梦》全篇通过贾府荣辱盛衰的变化呈现了一切美好事物的稍纵即逝，以揭示生命、世界和价值的虚无本性。"因空见色，由色生情，传情入色，自色悟空"，由入世而离尘，是主人公贾宝玉的生命轨迹，也是无常和虚无的展开之所。《红楼梦》通过对人物的生老病死和人生意义的探讨，表达了对生命、存在和人世间的虚幻与无常的思考。作品中的人物命运多舛，生命的脆弱与短暂成为作品的重要主题。

哲学家牟宗三曾经从两个方面来理解《红楼梦》的悲剧，一是人生见地之不同，二是兴亡盛衰之无常。转瞬之间，春意盎然的大观园便因抄检而陷入肃杀的状态，美好的欢聚变成了凄凉的离散。在《红楼梦》的后半段，饱经风霜的贾母仍然在强颜欢笑地组织着节日宴饮，试图营造热闹的气氛，但场面的冷清和无趣以反讽的方式强化了"树倒猢狲散"的结局。精明能干的探春尽着人事，也只能眼睁睁地看见天命的来临。贾府不可避免的衰败，正反映了封建社会走向没落的图景。

拓 展 阅 读

1. 高源:《红楼梦哲学研究》,中山大学出版社,2018 年。

2. 梅新林:《红楼梦哲学精神》,华东师范大学出版社,2007 年。

3. 董志新:《毛泽东读〈西游记〉》,万卷出版公司,2011 年。

思 考 探 究

　　1. 除了《西游记》,你还读过其他中国志怪小说吗?其中有怎样的哲学意蕴?

　　2. 试解析《红楼梦》中任意一场"梦"的哲学内涵。

第 6 讲

主体的觉醒

——古代戏剧中的哲学思想

　　戏剧是一种艺术形式，通过演员表演、对话、动作和舞台呈现来传达故事和情感。戏剧是一种表演艺术，以其特定的结构、元素和技巧而闻名。戏剧的核心特征包括角色的塑造、情节的发展、对话的交流以及通过舞台设置、音效和灯光等技术手段增强演出效果。在不同文化和历史背景下，戏剧有各种形式和风格。中国古代戏剧又称为"戏曲"，这是因为曲的演唱在剧中占有中心地位。与古希腊戏剧和印度梵剧相比，中国戏曲历尽沧桑而仍然充满生机，给人们带来精神愉悦。中国古代戏剧具有自己独特的民族风格，其中影响力最大、艺术成就最高的是元杂剧。元杂剧在题材、人物选择上的丰富性和广阔性，在主体创造上的独立性和自由性，都生动地反映了一定时代背景下文艺思想的解放和人性主体觉醒的思潮，从而对整个社会与人生的观照更加全面与深刻，并以动人的表达推动雅俗的融合，成为时代艺术的代表。

一　元杂剧的兴起

中国古代戏剧作为一种综合艺术，在元代蓬勃发展，吸收了诗、词、曲、文、话本小说等各种文体的优点。元代的杂剧标志着中国戏曲的成熟，并达到了创作的高峰。许多优秀的戏曲作家如关汉卿、王实甫、马致远、白朴、纪君祥等涌现出来，他们创作了《窦娥冤》《西厢记》《汉宫秋》《赵氏孤儿》等广受欢迎的戏曲杰作。

元杂剧是元代北方的一种戏曲形态，它在宋代杂剧和金代院本戏的基础上，结合了音乐、说唱、舞蹈等艺术形式，形成了中国戏曲艺术的第一个完整形态。元杂剧的兴起与元代城市的发展密不可分。元代的城市经济蓬勃发展，尤以大都和杭州为最。马可·波罗将大都称为世界上一流的城市。大都分为南城和北城，大多数居民居住在北城，而南城则有许多名胜古迹和商业中心。商业中心设有米市、面市、绸缎市、珠宝市等，以满足人们的日常需求。大都还有许多歌楼酒馆，经常有歌舞戏剧演出。砖塔胡同也是戏曲演出的中心，人们在勾栏内观看杂剧，砖塔胡同成为戏剧活动的热门地点。节日期间，大都的商业和戏剧活动更加繁荣。而杭州在南宋时已经是繁华的大都市，元代仍然保持了繁荣的状态。

元杂剧的形成，在艺术上吸收了宋代杂剧和金代院本的特点，戏曲角色增多，故事内容更丰富；各种伎艺如诸宫调等对元杂剧的发展产生了重要影响；元杂剧还从小说、话本中汲取素材，同时融合了舞蹈、武术等元素，使其成为一种有说有唱、载歌载舞的戏剧形式。此外，元杂剧还吸收了少数民族传来的乐曲，形成了新的乐曲体系。所有这些因素，都使得元杂剧在内容和形式上达到了成熟的阶段。

元杂剧的可改动性是其重要特点之一，与明清时期的戏曲相比，元杂剧更加灵活，适应了剧场演出的需求。明清时期的戏曲作品一旦定稿就难以改动，而元杂剧则允许文字的自由修改。这种可改动性源于剧场演出的复杂性，包括舞台场面的调整、演员台词的差异和即兴发挥，以及为迎合观众口味对情节的增减等。元杂剧的多个版本并不是简单的递进关系，而是基于同一母本的多种改编，具有互补性。元杂剧的作者和改编者也意识到这种可改动性，他们对宾白的重视程度不同，更加注重曲词而忽视宾白的创作，甚至将宾白的创作权交给演员。元杂剧的改动不仅限于语句的更换，还涉及情节的变动。因此，元杂剧作品没有绝对意义上的"真本"，它们往往在不同的演出和改编中不断变动。王国维将元杂剧称为"活文学"，而将明清传奇称为"死文学"，这种区分在文体学上具有重要意义。

元杂剧是古代市民社会发展到一定阶段的产物。不同于当时儒家理学主张的"存天理，灭人欲"，市民文化追求通俗与享乐。因此，许多优秀的杂剧作品都体现了对礼教的反叛，以及对人性真情的弘扬。

传统文艺思想强调文艺作品的教化功能，认为优秀的作品应满足审美需求，同时传递价值观念和人伦关系，发挥精神产品的价值。因此，历代封建统治者均重视文艺的教化功能，元代统治者也逐渐认识到汉文化的重要性，强调利用戏曲进行宣传和教化。关汉卿的《窦娥冤》是一个例子，虽然其题材不涉及重大历史，但通过揭示窦娥的不幸及其原因，使剧作具备了审美、认识和教化功能。

元代后期文人地位提高，对杂剧的参与日益减少，而杂剧到了后期，也逐渐走向对儒家伦理纲常的认同，像《东堂老》《赵礼让肥》《剪发待宾》等，都表现出浓重的道德说教意味。随着创作的减少与对伦常的认同，元杂剧逐渐走向衰微。

● 二 《西厢记》的发展史与思想变迁

《西厢记》是元杂剧中成就尤为突出的一部。其最早的故事内核来自唐代元稹的《莺莺传》。随后，宋、金、元、明、清等朝代的文化变迁为这一故事的形式和内容带来了不同的演变。宋代词的兴起为其带来了新的艺术表现形式。北方民族音乐的融入丰富了中原音乐的表现力，并促进了宴乐的产生，丰富了词的音乐体系。赵令畤和毛滂创作的词作中就有关于崔莺莺的吟咏。同时，西厢故事也在说话艺术中得到讲述。赵令畤在北宋创作了《商调蝶恋花鼓子词》，就是关于西厢故事的。在宋金对峙时期，北方与南方文学发生了分化。北方少数民族的文化与中原传统汉文化相融合，产生了新的文艺形式，如院本和说唱诸宫调。董解元的《西厢记说唱诸宫调》（以下简称"董西厢"）成为重要的转折点，将西厢故事搬上说唱艺术的舞台，并丰富了情节，给观众带来了圆满的结局。在元代，南北方文化交融，蒙古族的游牧文化与中原的农耕文化相互影响。但这一时期南北方文学的发展又有相对独立性。王实甫将董解元的作品改编为杂剧《崔莺莺待月西厢记》（以下简称"王西厢"），同时元代还有南戏《崔莺莺西厢记》。明代出现了许多传奇改编本，如崔时佩、李日华的《南调西厢记》，陆采的《陆天池合并西厢记》等。明代还形成了翻改西厢故事的热潮，出现了许多作品，如《续西厢升仙记》《翻西厢》《锦西厢》《翠西厢》等。这里我们重点关注的，是元代王实甫的《西厢记》。

西厢故事的艺术形式和内容思想的发展演进经历了不同的时期。第一阶段，《莺莺传》到宋词和"说话"的演进时期。这一时期，艺术形式发生了较大的变化，但思想内容相对保持稳定。秦观的《调笑转踏·莺莺》和毛滂的作品都采用了咏物、咏史的方式，表达了崔莺莺的不幸命运，并对张生的冷漠进行了指责。这些作品始终受限于元稹的立场。南宋时期，赵令畤在《商调蝶恋花鼓子词》的十二首序言中表示，士大夫们热衷于谈论幽玄、讲述奇异的事情，而《莺莺传》成了他们美谈的话题；然而遗憾的是，这些词没有配以音乐，无法在声乐和管弦中传唱。因此，赵令畤试图填补这一空白，将《莺莺传》分为十章，并在每章之后附上词曲。赵令畤是宋朝皇室后裔，他的书写与儒家的正统思想是一致的，所以在他的作品中没有改变故事的结局。

第二阶段，"董西厢"的改编，在西厢故事的发展中起到了重要的作用。它对思想内容和艺术形式的演变做出了贡献。在故事内容上，它将原本的爱情小说改编成情节丰富、让有情人终成眷属的爱情佳话。在形式上，它将原本只是文人手头玩弄的传奇小说改编成了大众娱乐的讲唱故事，为后来戏剧的再加工打下了声腔、音韵及篇章结构的基础。同时，"董西厢"的诞生也得益于北方少数民族文化对中原文化及文学的影响。

"董西厢"直接取材于《莺莺传》，大量引用了《莺莺本传》和《正传》的原文。然而，作者并没有局限于《莺莺传》的情节和主题，而是在原有的内容线索基础上通过合理想象进行改造。首先，人物发生了变化。主要人物的身份地位都有提高，人物关系也发生了变化。张生由一个普通书生变成已故礼部尚书之子，莺莺由普通的富家之女变成了相国千金。其次，情节和结局发生了变化。"董西厢"的情节更加复杂。张生在普救寺对莺莺一见钟情，并通过各种方式接近她。故事中出现了孙飞虎逼亲、张生搬兵救援、老夫人悔亲等情节。在结局上，张生与莺莺最终成婚，他们的爱情得到了圆满结局。

"董西厢"通过人物身份地位的提升，勇敢地主张了张生和莺莺的爱情婚姻，并展示了时代文化精神的转变。在唐宋时代，根据儒家礼教观念，张生和莺莺的行为被认为不符合封建伦理道德的要求。然而，随着时代背景的变化，北方游牧民族对待婚姻的自由观念对中原汉族产生了影响。因此，莺莺在"董西厢"中呈现出主体追求个性解放和追求爱情自由、婚姻自主的形象。作品中也反映了两种文化之间的冲突和矛盾，包括莺莺的内心斗争、张生的懦弱以及对封建权势的依赖。尽管"董西厢"无法完全颠覆封建婚姻制度对主人公的影响，但它在北方游牧文化的影响下，唤起了青年男女追求婚姻自主权利意识的觉醒，具有积极的意义。

第三阶段，"王西厢"在内容上对"董西厢"进行了继承并有所发展，在形式和细节处理上也更加巧妙。它将原本以一人表演的讲唱文本诸宫调改编成了多角色扮演和演唱的戏剧形式，建立了立体化的舞台表演体系。通过五本二十一折的连续演出和多角色同台演唱，"王西厢"打破了元杂剧传统的结构模式，成为元代一部独特的鸿篇巨制。在西厢故事的演变史上，"王西厢"通过对"董西厢"的改编，将这一故事的思想艺术性推向了巅峰。

　　"王西厢"对情节进行了完善，对心理刻画更加细腻，人物形象也更加丰满，故事发展更具逻辑性。因此，"王西厢"相较于"董西厢"迈出了重要一步，促使西厢记故事基本定型。尽管后来出现了许多改编和续本，但"王西厢"始终占据了重要地位。

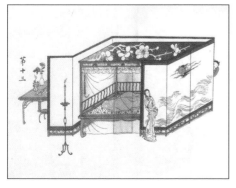

《西厢记》版画，明代闵齐伋辑刻，德国科隆东亚艺术博物馆藏

三 金圣叹评点《西厢记》的哲学与美学思想

金圣叹非常推重《西厢记》，认为它是"六才子书"之一，其评点体现了深刻的美学与哲学思想。

金圣叹认为，《西厢记》作为一部伟大的文学作品，反映了宇宙人生中不可或缺的男女爱情，源于人类生活中本就存在的"天地自然"。他批评那些以淫书论之的人，认为这是因为不同的思想观点导致对同一事物的不同解读——文学家将其视为伟大的文学作品，而平庸低俗者则斥之为"诲淫之书"。金圣叹强调，《西厢记》的意在于文，而非事。他从文学欣赏的角度评价该作品，将其称为"天地间妙文"。

金圣叹在《琴心》总评中推崇才子与佳人之间的"必至之情"，将其视为天下至宝，而这种情感却受到封建礼教的禁锢与社会压力的阻挠。他认为这是封建伦理道德所无法容忍的叛逆行为。尽管金圣叹赞扬了才子与佳人之间的感情，但他并没有完全否定传统礼教的存在，认为男女之间必须遵循父母之命和媒妁之言。这反映出他既有追求婚姻自由的渴望，又顾及传统礼教的限制，这种矛盾其实在《西厢记》的戏剧冲突中也得到了体现。金圣叹的见解揭示了封建社会下男女之间的情感与礼教之间的矛盾，这使他在分析评述剧中人物关系和情节发展时具有积极进步的一面，同时也存在保守的成分。他没有找到解决这一矛盾的办法和途径，但他的观点有助于人们认识封建礼教禁锢下的社会矛盾，对于婚姻自由的追求具有积极意义。

明清时期是中国戏剧发展的重要时期，涌现了许多重要的戏剧形式和剧种，士大夫也多有参加到戏剧的创作与推广中来。在这一时期，阳明心学逐渐成为显学。王阳明所主张的"心外无理"，完全摆脱了存在本体论，只讲价值本体论。"良知者，心之本体"，这就摆脱了与朱子有关"心"定义的混淆。在良知的基础上，天地万物与我融合为一体。《大学》提出"致知"，王阳明认为致知的"知"就是孟子所讲的良知，因而把致知发挥为"致良知"，强调人的主体精神，所谓"人者，天地万物之心也；心者，天地万物之主也。心即天，言心则天地万物皆举之矣，而又亲切简易"，体现了启蒙思潮影响下主体意识觉醒的时代思考。

> 人之所不学而能者，其良能也。所不虑而知者，其良知也。孩提之童，无不知爱其亲者。及其长也，无不知敬其兄也。亲亲，仁也；敬长，义也。
>
> ——《孟子·尽心上》

这句话的意思是，人不经过学习就有的能力，叫作良能；不经过思考就知道是非善恶的见识，叫作良知。幼小的儿童，没有不知道爱父母的。长大了之后，没有不知道尊敬兄长的。亲近父母就是仁，爱兄长就是义。王阳明在此基础上认为，良知便是先验普遍绝对的本体，致良知就是与本体合一的过程，其实质就是知与行统一的过程。

金圣叹生活在明末清初阳明心学盛行时代，他对《西厢记》的批评不可避免地涉及"心"这一哲学范畴。他的见解可归纳为三点。首先，金圣叹在批评中展现了对"心"的理解，他对作品中的人物心境有着深入的洞察。他描述张生是莺莺的血泪，用"锥心取血"的形象来形容作者的创作，表达了他对作品中情感的认同和同情。其次，他探讨了三个人物之间的心理关系。张生、莺莺和红娘分别代表着不同的心境，"三个人各自胸前一片心事"，无法相互了解。然而，在"酬简"一幕中，莺莺放下心防，三人之间的"窗纸"被捅破，三个心变为一颗心，促成了西厢故事中的美好姻缘。最后，金圣叹追求心境的合一，他引用朱熹的话说"意者，心之所发也"，认为心意相合是心学的境界。他以张生和莺莺的故事为例，强调了自由自在、率真自然的心态。

金圣叹对于《西厢记》的评点，也展现了他对儒家、释家和道家三种思想的借鉴和融合。首先，他强调了儒家的重礼观念，认为张生和莺莺的行为违背了礼制，违背了父母之命和媒妁之言，为此他提出了"两爱"的观念，即既爱恋人，又爱先王的礼制。其次，金圣叹运用了释家的禅宗思想，将《西厢记》中的各种巧合和因缘归结为"佛缘"主宰，这与晚明的"狂禅"思想相近。最后，他深受道家庄子思想的影响，将《庄子》作为第一才子书，将庄子的思想融入对《西厢记》的评点中，引用庄子的文字来解释剧中情节和人物。金圣叹的评点突破了学术界限，将儒、释、道三家思想融会贯通，体现了他对"道"的广泛理解和阐释。他重视儒家的礼制，又追求禅宗的奇妙与庄周的悠远，这一切使得他的评点充满了哲学的深度和广度。

拓 展 阅 读

1. 李大博：《〈西厢记〉在当代戏曲舞台上的传播与重构研究》，中国戏剧出版社，2020 年。

2. 张燕瑾：《张燕瑾讲〈西厢记〉》，天津古籍出版社，2011 年。

3. 伏涤修：《〈西厢记〉接受史研究》，黄山书社，2008 年。

思 考 探 究

1. 你认为《西厢记》中最重要的主人公是哪一位？他／她的身上有怎样的矛盾与统一？

2. 与其他文艺作品相比，戏剧中的哲学思想有什么特色？

第 7 讲

形上的审美

——古代绘画中的哲学思想

中国画为我国的传统绘画形式。中国画用墨、笔，在纸或绢等材料上，通过线条、点、面、色、构图等手法表现画面，具有独特的审美效果和艺术价值。中国画的主要形式包括山水画、人物画、花鸟画等。山水画是以山水自然景观为题材，强调意境和意象的表现，常常体现出中国文化的哲学思想和审美情趣。人物画以人物形象为题材，强调人物的精神内涵和情感表现，常常描摹历史人物或文化名人形象。花鸟画则以花卉、鸟类等自然界中的物象为题材，通过画家对自然界的观察和理解，表现出动物和植物的特性和美感。中国画在内容和艺术创作上，体现了古人对自然、社会及与之相关联的政治、哲学、宗教、道德、文艺等方面的认识，并蕴有深刻的哲思。

一 中国美学与中国哲学

中国美学和中国哲学都是中国传统文化中的重要部分，两者之间存在着密切的联系。中国美学一向以主体为审美尺度，中国以主体为核心的审美建构，其前提在于主客二者并非泾渭分明，而是混融一体。如此一来，便赋予了偏于客观之审美深刻的同情，也赋予了偏于主观之审美超然的态度。中国古人并没有分科之意识，故中国哲学并不独立于中国美学——或者说中国文化而存在。中国哲学强调人的内在修养和道德品质，追求"天人合一"的境界。这种境界在中国美学中也得到了深刻的体现。中国美学强调的是"意境""气质""情趣"，是一种通过审美体验来达到心灵净化和超越现实的境界。

王国维在《人间词话》中写道：

> 有有我之境，有无我之境。"泪眼问花花不语，乱红飞过秋千去""可堪孤馆闭春寒，杜鹃声里斜阳暮"，有我之境也。"采菊东篱下，悠然见南山""寒波澹澹起，白鸟悠悠下"，无我之境也。有我之境，以我观物，故物皆着我之色彩。无我之境，以物观物，故不知何者为我，何者为物。

虽然名之以"有我之境"与"无我之境"，但二者都是主体尺度的审美境界。"有我之境"是将主体的情感投射至客体之上，"无我之境"则是主体将感受切入客体的自然流变之中。"我"虽见南山、观白鸟，但并没有对"我"之个体的执着，故在这一层面称之为"无我"。王国维解"有我之境"与"无我之境"为"以我观物"与"以物观物"，此二者皆是邵雍的命题，但邵雍是以理学而非美学角度进行的阐发，故二者非对等的两种美学境界，而是将"以物观物"视作更高一筹的认知方式。邵雍言：

> 圣人之所以能一万物之情者，谓其圣人之能反观也。所以谓之反观者，不以我观物也。不以我观物者，以物观物之谓也。既能以

物观物，又安有我于其间哉？是知我亦人也，人亦我也，我与人皆

物也。此所以能用天下之目为己之目，其目无所不观矣。

——邵雍《观物篇》

"以物观物"是将"我"与"人"皆视为物，所以与其称之为"无我"，

更准确的说法是"物我一如"。这种认知方式，不能说是摒弃主观，而是以

主观之角度，行客观之认知。在美学的角度，便是以主客一元为审美范畴。

可见，无论是"有我之境"还是"无我之境"，虽然用处各有主客之倾向，

但立足点均是主体尺度。

中国美学以主体感受为审美标准，故尤为重视意象之美。意象是在客观

世界基础上创造的主观感受，它超越了客观实在的"形"，而强调主观境界

的"神"。这样的审美表达在具体的艺术品上，就会表现为对主观参与度的

极大重视，乃至衍生为对不同主题的不同评价标准。顾恺之言："凡画，人最

难，次山水，次狗马；台榭一定器耳，难成而易好，不待迁想妙得也。此以

巧历，不能差其品也。"

顾恺之对画作难度的评判标准，正在于其主题主观参与度的上限，所以

最能够"迁想妙得"的人物画是最难画的。而日常生活中常见的"台榭"没

[晋] 顾恺之《洛神赋图》(局部)，宋摹本，故宫博物院藏

有什么变化与神秘感，很容易令人一览无余，所以只要将"难成"的细节一一复现，就是好画。如果画人物也仅仅是再现其形，这在中国审美的评价体系中就谈不上上乘。宋代陈造云：

> 使人伟衣冠，肃瞻视，巍坐屏息，仰而视，俯而起草，毫发不差，若镜中写影，未必不木偶也。着眼于颠沛造次、应对进退、颦颔适悦、舒急倨敬之顷，熟想而默识，一得佳思，亟运笔墨，兔起鹘落，则气王而神完矣。

"一得佳思，亟运笔墨，兔起鹘落"显然是写意的画法，于"形"上不可能面面俱到，但陈造称赞此为"气王而神完"，而"毫发不差"则被贬为"木偶"，其重神轻形之审美倾向于中可见。虽然中国传统上也有"形神兼备""形得而神自来"的观点，但这些观点的持有者也承认"形或小失，犹之可也，若神有少乖，则竟非其人矣"，依旧是将"神"摆在更重要的位置。

对"神"的重视与推崇是中国美学写意性的一大体现，作为审美对象的"神"是模糊而难以精确描绘的，对创造者和判断者来说都是如此。但正因如此，一旦上升到"神"的层面，中国美学丰富而多元的境界便豁然展开。"形"是固定的、有限的、实在的，而"神"是变动的、无限的、虚妙的。形与神之间的连接有日常的理性，也可以开辟出奇绝的想象。在日常，是关注或再现审美对象中最特殊、最生动，最能反映其审美必要性的部分，如"传神写照正在阿堵中"；在想象，则可以汪洋恣肆、任运自在，在共有的审美角度中尽情理解、谱写、挥洒，甚至创造全新的审美方向，如明代徐渭的"老夫游戏墨淋漓，花草都将杂四时。莫怪画图差两笔，近来天道够差池"。重"神"的审美倾向赋予创作者极大的自由，开拓了多层次、多角度的审美领域。

"神"之审美的本质，是将一切审美对象理解为生命场域下的事物。当然，生命场域不等同于生命性，中国美学不是赋予审美对象以生命，而是将审美

[宋] 王希孟《千里江山图》（局部），故宫博物院藏

对象囊括在生命之中。这样一来，审美者与审美对象之间的关系就脱离了二元对立，从而一气贯通。正如庄子言："天地与我并生，而万物与我为一。"又如张载云："乾称父，坤称母；予兹藐焉，乃混然中处。"虽然这主要是对生命境界、道德境界的论述，但以之总括中国美学之大境界也并无不当。

二 《历代名画记》中的哲学思想

唐代张彦远（字爱宾）出身贵族，世代酷爱艺术，家中收藏丰富。张彦远著有《历代名画记》，展示了他对艺术的批评能力和广博的知识。

《历代名画记》是中国第一部绘画通史著作，具有体系化的结构。全书共分十卷，其中四卷以下是关于三百七十二位画家的小传和品评，属于纯粹的历史部分；而一至三卷则是十五篇专门的文章，涵盖了画的起源、兴废、技法、山水树石、传承、笔法、画体工用、名价品第、鉴识收藏、历代印记、装裱等多个方面。对于"名画"一词，开始厘清其含义，将画质引向"名画"的观念，就肇始于张彦远的《历代名画记》。张彦远从不同角度揭示了"名画"的特质，划分出"自然""神""妙""精""谨细"五个等级，并明确指出"立此五等，以包'六法'，以贯众妙"，由此确定了中国绘画品评的统一标准。总之，张彦远在《历代名画记》中发现了中国绘画中独有的文化教养和文化姿态，为中国的文人学者提供了明确的文化传统，使其得以不断

《历代名画记》书影，明末汲古阁刻本

发扬光大。这种发现对中国文化的传承产生了持久的影响。

《历代名画记》中对绘画理论的阐述包含着丰富的哲学思想。作者在评述作品时注重分析画家的绘画风格、技法、艺术成就等，书中也包括了一些有关绘画理论和艺术批评的论述。南齐谢赫在《画品》中提出"六法"——"气韵生动、骨法用笔、应物象形、随类赋彩、经营位置、传模移写"。《历代名画记》在"论画六法"及"论画体工用拓写"两节中，发挥了他对于谢赫"六法论"的精辟见解，认为描绘对象的生动神韵是刻画形似的目的，提出了气韵生动的审美理论。

"气"，原是一个哲学概念，而在绘画审美上，"气"体现为作品中所蕴含的生命力、感染力和活力，使人产生共鸣和情感体验。艺术作品如果具有丰富的气韵，就可以让人感受到其中蕴含的力量和内在的生动性。气韵生动的审美理论强调艺术作品的表现力和情感共鸣，注重作品所传达的生命力和活力。它强调作品的形式美与情感美的统一，要求作品不仅在形式上精湛，而且要能够激发人们的情感和思考。同时，气韵生动也强调作品的独特性和个性化，追求艺术的创造力和独特的表达方式。

张彦远在书画艺术的评论中展现了儒学的倾向，他将绘画视为一种成教化、助人伦的艺术，与儒家的经典著作并列，赋予其高尚地位。他强调绘画的记传和赞颂功能，将其推向儒家传统的极致。同时，他运用中庸观念，对不同观点进行综合评价，展现了绘画中庸的特点。这种对矛盾和对立统一的宏观把握，体现了张彦远对书画艺术的深入思考和独特见解。

张彦远强调艺术创作中的"画之道"，其关键在于对"自然"的妙悟。自然的概念最早出自《道德经》，道家认为"人法地，地法天，天法道，道法自然"。艺术创作应该遵循道，而艺术的最高境界也必须体现自然。张彦远评价绘画时将"自然"列为最高品格，认为失于自然则失去灵性，失去灵性则失去妙趣，失去妙趣则变得精巧严谨，最终成为中下品。他将"自然"放在最高的位置，与"神""妙"等品格相区分。神品强调风神和骨气，妙品注重美丽和功用，而"自然"则为"上品之上"，强调以"自然"为绘画美学的准则。张彦远认为绘画艺术应该达到主客体的内在相合，要出于天然、超越智巧，达到物我两忘的空化境界。

张彦远也受到禅宗思想的深刻影响，他对禅宗持有崇敬态度，并对佛法表示肯定。他在《历代名画记》中提及王维信奉佛教的情况，并与禅学有着深厚的渊源。禅宗的教义对王维的创作产生了影响，使他将创作的焦点转向对内心世界的探索。王维的诗歌和绘画展现了禅意的特质，表现出幽静、宁静的意境。王维的诗画结合了禅宗的思想，彰显了佛理的贯穿性。王维的作品打破了儒家追求功利和个人成就的模式，而是接受了道家的清静无为和禅宗的净心自悟、见性成佛的思想，将仕途与隐居融合在一起，为后世文人提供了一个可供敬仰的榜样。此外，张彦远还极力推崇宗炳，认为宗炳是一位杰出的书画家。尽管宗炳的思想复杂，但他能够将儒家、道家和佛家的思想融入自己的创作中。宗炳将画与道的关系紧密结合，同时也融入了儒家对山水的喜好。在宗炳的作品中，道是一个重要的概念，他将佛家和道家的思想统一起来，使山水画的审美精神具有多重的文化内涵，为后世文人画的发展奠定了基础。

三 文人画、禅画与中国哲学

文人画泛指中国封建社会中文人、士大夫的绘画，有别于民间和宫廷画院的绘画。陈师曾以为："何谓文人画？即画中带有文人之性质，含有文人之趣味，……所贵乎艺术者，即在陶写性灵，发表个性与其感想。"这些文人通常不以画作为主业，而是在闲暇时通过自己的艺术修养和审美理解绘制画作。他们所追求的是一种自由自在、富于情趣和诗意的表现方式，注重笔墨的自由和个性，强调作品的意境和精神内涵，表现出一种文人独特的审美情趣和艺术风格。文人画强调个体的心性和与自然的联系，通过笔墨表现自己的情感、意境和理念，追求与自然的融合与和谐，追求简洁高逸的审美境界。

文人画渊源可自唐代诗人王维，在宋代以后得到很大的发展。宋代的欧阳修、苏轼是文人画的提倡者。苏轼在《书鄢陵王主簿所画折枝二首》其一中说："论画以形似，见与儿童邻。赋诗必此诗，定非知诗人。诗画本一律，天工与清新。"明代的董其昌明确提出了"文人画"的概念。文人画往往以山水、花鸟、竹石等自然元素为主题，通过对自然景物的描绘抒发"性灵"，表达自己对生命和宇宙的思考。文人画追求意境的创造和审美享受。艺术家通过墨色的运用、笔墨的虚实变化、构图的安排等手法，营造出富有禅意的意境。文人画强调意境的凝练和抽象，注重观者的联想和想象，给人以深远、静谧的艺术享受。文人画丰富了中国绘画的表现内容和技巧，画家更将诗词、书法、篆刻融入绘画之中，从而使中国绘画达到了新的艺术高度与境界。

文人画中也有很多禅画。禅画是富有禅宗思想的画作，通常以简洁、自然、质朴的表现方式，强调画面的意境和灵性内涵。禅画通常也以花鸟、竹石、人物等为主题，但更注重表现物象的灵性和超越现实的境界，富有禅宗的哲学思想和精神内涵。禅宗强调此时此刻的觉知和体验，禅画通过捕捉瞬间的景物或者表现生活中的日常场景，以现实的形象直接传达禅宗的核心思想。禅画的表现方式常常简洁、朴素，力求直击内心，唤起观者对当下的体悟。禅画追求清净空灵的境界，强调超越物质形态的直觉和直观体验。禅宗主张超越思维和言语的限制，直接觉知本来的真实性，禅画即通过抽象、简化的形式和空灵的意境，引导观者超越形象表象，进入内心的静默和冥想状态。禅画追求虚实的平衡与和谐。禅宗教义中强调诸法皆为空相，一切现象皆为幻化，禅画就通过虚实相互对比、交融的手法，表达了虚幻世界与真实世界的关系。禅画中常用淡墨或留白的手法表现虚空之境，同时又通过墨色的运用来塑造实在的形象，达到形神兼备的效果。这些画作通过写意的手法，表达了作者自身的哲学理解，达到了哲学与美学的统一。

[唐] 王维（传）《江干雪霁图》

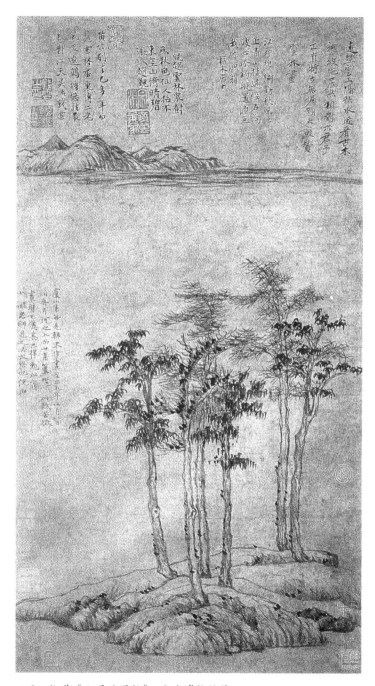

[元] 倪瓒《六君子图轴》，上海博物馆藏

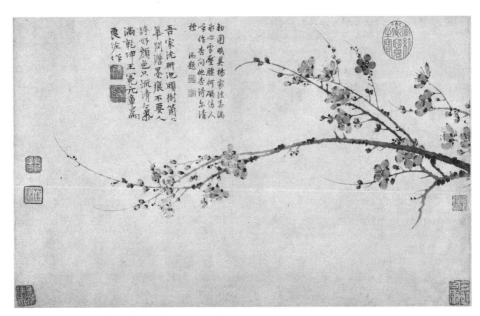

[元] 王冕《墨梅》，故宫博物院藏

图上自题诗云："吾家洗砚池头树，个个华开淡墨痕。不要人夸好颜色，只流清气满乾坤。"

　　禅宗对文人画的影响不仅是将禅思和禅趣融入作品，更重要的是改变了创作主体的艺术思维方式，催化了独特的艺术审美理想的形成。禅宗的美学特质具有深层次的艺术意味，文人画家通过作品的意境审美方式来消解社会矛盾，陶醉于构建的审美空间，寻求精神的寄托与慰藉。绘画艺术是创作主体的精神产物，艺术家可以凭借主观心灵的想象将非物质的形象描绘出来。文人画所表现的山水之神，暗合了禅宗强调精神超越物质实在的能动作用。审美是个体性最强的心灵活动，优秀的艺术创作常常流露出艺术家真实的情感和想象。禅宗追求人与自然的和谐统一，禅境是一种在空与有、虚与实、主体与客体的双向交流中产生的精神实体。意境是禅境的艺术化，也是文人画独特的艺术品质所在。文人画的意境是艺术家通过自我提炼后对人生的深刻体验和生命的哲学把握而形成的，具有朦胧美和丰富的意蕴。文人画的意境特点是超越物质世界，融合虚实，呈现有无之境。

禅境对文人画的影响是一个深远
而多维的主题。在禅宗的影响下，文
人画家将禅思和禅趣融入他们的作品，
创造出独特的艺术风格和审美理念。

首先，禅境强调了创作主体主观
心灵的抒发。禅宗的影响使得文人画
的主要艺术倾向是表现心灵、抒发心
灵。艺术家通过自然山水的描绘，将
个人的情思和审美趣味传达给观者。
他们将自然山水融入自己的心灵世
界，创造出了富有艺术家个人风格的
作品。例如，唐代画家张璪主张："外
师造化，中得心源。"

他的山水画是自然景物与主观心
灵相融的产物。这种主观心灵的抒发

[宋] 梁楷《泼墨仙人图》，台北故宫
博物院藏

[宋] 马远《寒江独钓图》，日本东京国立博物馆藏

使得文人画具有强烈的个体化特征，摆脱了客观时空的限制，追求自由自在的艺术表达。

其次，禅境强调了"物我同化"的创作思维。禅宗认为，为了真正理解把握某个事物的内涵，主体必须将自己转化为客体，使主体的意识与客体协调一致，形成无须理性深思而产生理解的心态。这种思维特性在文人画的创作中时常出现，体现为物我不分、阴阳相合的艺术倾向。艺术家通过自己的潜意识，将自己幻想成作品中的某个形象事物，以实现主客体之间的双向交流。这种"物我同化"或"心物合一"的创作思维，使艺术家能够从内心深处创造出与现实不同的新境界。元代文人画的风格就展现了这种自由解放的特点，用笔随意、疏散、率直，表现了艺术家内在的解放感和自由感。

最后，禅境强调了朦胧含蓄的审美理想。禅宗通过参禅的方式，追求一种不离生活现实又不执着于生活现实的"不离不即"、含蓄朦胧的禅境。文人画受到这种影响，将表现含蓄、朦胧、淡泊、幽远、空灵的意境视为理想境界。这种审美理想也与当时的社会背景密切相关。例如，在元代，士人们失去了科举的晋身之阶，面临政治动荡和无所归属的境地。他们滋生出"闲逸"之气，将抒发"聊写胸中逸气"和理想意境成为文人画的普遍心声。文人画家不追求自然形象的立体感、透视感和光色变化，而将"意"提升到首要位置，强调主体"神"对意境的重要作用。他们通过构图方式展现"不离不即"的审美感受，以有限表现无限，运用空白来展现意境，以简略笔法写出胸中丘壑。朦胧美成为文人画的特征，它不仅是禅境的表现，也是意境最重要的审美形态。

拓 展 阅 读

1. 宗白华:《美学散步》, 上海人民出版社, 2005 年。
2. 李泽厚:《美学四讲》, 长江文艺出版社, 2019 年。
3. 李泽厚:《华夏美学》, 天津社会科学院出版社, 2002 年。
4. 陈师曾著译:《中国文人画之研究》, 浙江人民美术出版社, 2016 年。

思 考 探 究

1. 你认为中国哲学的什么思想对中国美学影响最大? 为什么?
2. 禅画较之一般的文人画有什么区别和相同之处?

第 **8** 讲

心灵的图画

—— 古代书法中的哲学思想

中国书法是中国传统艺术之一，被誉为"东方艺术之花"。它是一种通过用毛笔、墨汁、纸张等工具，按照一定的规律和技巧，运用汉字的形体、结构、笔画、布局等，表现出一种独特风格的艺术形式。中国书法的历史可以追溯到古代的甲骨文、金文和篆刻，经过漫长的发展，形成了楷书、行书、草书、隶书、篆书等不同的书体和风格，每种书体都有其独特的特点和艺术价值。"字为心画"，中国书法不仅是一种艺术形式，更是一种文化传承和精神追求。作为"心灵的图画"，中国书法蕴含着中国人的审美情趣、哲学思想和文化精神，是中国传统文化的重要组成部分。

一 中国书论与中国哲学

中国书法艺术源远流长，形成了诸多理论著作。中国书法注重法度与自由的统一。书法艺术有一定的规范和技法，但同时也注重书法家的自由创造和个性发挥。书法家在遵循传统的书法规范的基础上，通过自己的创新和实践，形成了独特的书写风格和艺术表达。汉代是我国古代书法理论的初创期。随着书法艺术的成熟和兴盛，专门研究书法的理论著作便应运而生。

书法理论对于书法实践起着重要作用。早期的书论包含了广泛的以物喻书的联想，融合了哲学、美学和造型等思想。这些思想与西方哲学和审美观念高度一致。书论中详细阐述了起笔、行笔、收笔等技法，借用自然物象的状态形成书法的笔画形态和结构。书论中蕴含着深层次的思想，需要经过长期实践才能完全掌握。好的书法实践需要将优秀的书法理论应用于实践中，并解决具体方法和技巧。同时，还需要建构一个从哲学到审美的思想框架，形成完备的书法美学体系，以推动传统书法审美在实践中延续和发展。综上所述，书法理论与实践的融合是有效实践的关键路径。

最早论述书法的一篇文章是东汉书法家崔瑗的《草书势》。

> 书契之兴，始自颉皇；写彼鸟迹，以定文章。爰暨末叶，典籍弥繁；时之多僻，政之多权。官事荒芜，剿其墨翰；惟作佐隶，旧字是删。草书之法，盖又简略；应时谕指，用于卒迫。兼功并用，爱日省力；纯俭之变，岂必古式。
>
> 观其法象，俯仰有仪；方不中矩，员不副规。抑左扬右，望之若崎。竦企鸟跱，志在飞移；狡兽暴骇，将奔未驰。或黝黩点黵，状似连珠，绝而不离；畜怒怫郁，放逸生奇。或凌邃惴栗，若据槁临危；旁点邪附，似蜩蟧揭枝。绝笔收势，余綖纠结；若杜伯捷毒缘峨，螣蛇赴穴，头没尾垂。
>
> 是故远而望之，㠁焉若沮岑崩崖；就而察之，一画不可移。机微要妙，临时从宜。略举大较，仿佛若斯。

崔氏在文中认为，草书的出现正是由繁至简的社会需要的反映，并描述、赞扬了书法的形态美和动态美。对书法的艺术审美功能和价值作了充分肯定。崔瑗提出了自己的草书发生论，通过经验、阅历和合情推理勾勒出了草书的起源和发展过程。他认为，书法的起源可以追溯到仓颉和史皇造字，文字的早期建构方式是通过模拟与复制自然界的鸟兽足迹等形成的。然而，草书的产生是在较晚的时代，由于文化的积累和政治事务的复杂性，人们需要对文字书写进行改革以提高效率。草书的推动力量来自一批官吏，他们采取了删除旧字、简化繁字的方式来提高速度和效率。在这一过程中，草书悄然产生。崔瑗通过将草书意象与自然意象进行比拟，表达了他对书法的特殊感受。这种表达方式与后代书论中依赖前人的做法不同，可能与当时书法尚未经典化、书法家谱系尚未建立有关。崔瑗将自然意象用来比喻草书意象，让人联想到中国的"天人合一"观念，即通过对自然的感知来感知社会、人生和内心世界，实现自我与外在自然的统一、融合和共鸣。这种表达方式也与西方美学中的移情理论相似，即人在观察事物时设身处地，将事物看作生命体，从而产生同情和共鸣。这些理论都可以解释崔瑗的心理感受。

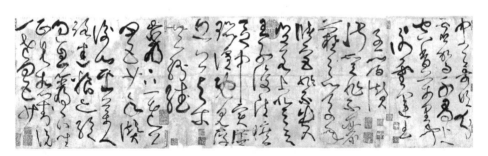

[唐] 张旭（传）《古诗四帖》，草书，辽宁省博物馆藏

魏晋南北朝是我国古代书法理论的成熟期。西晋时，出现了一批以自然界中千姿百态的物象、动态来描绘、比喻各种书体形态美的理论著作，如成公绥的《隶书体》、卫恒的《四体书势》、索靖的《草书状》、刘劭的《飞白势》、杨泉的《草书赋》等。其中，《四体书势》是一部全面系统地论述各类书体发展的著作。它按照书体出现的先后次序论述了古文、篆书、隶书、草

书，并梳理了它们的发展脉络。这本书对各种书体的发展历程了如指掌，是首部全面梳理中国书法历史的著作。同时，书中生动描写了各种书体的特征和形式之美的差异，展示了对各种书体的全面把握。《四体书势》提出了书法审美的概念——"体象"。它强调主体与自然万物的交融，主体通过观察自然现象并进行思考，将其领悟与想象转化为书法作品。同样，审美观也是主客体相交融的结果，从而结合形象思维和理性思维，带来愉悦和深刻的理性启示。《四体书势》的论述在书法审美领域有着较高的深度和品位。

[魏] 钟繇《宣示表》（局部），楷书，故宫博物院藏

隋唐是我国古代书法理论的兴盛期。随着唐代书法艺术达到鼎盛，书法大家、名家辈出，流派纷呈，书法理论也兴盛起来，大批成系统、有分量的书论著述陆续问世。欧阳询的《三十六法》、孙过庭的《书谱》、颜真卿的《述张长史笔法十二意》，在中国书法理论史上占有重要地位。《书谱》是中国书法理论史和中国美学史上的璀璨明珠。孙氏将诗歌美学引入书论，强调书法与表情达意的关系。他认为艺术是表达心灵的普遍艺术，书法的最高境界是追求表情和意义的完美。这一思想推动了中国书法美学的发展，揭示了艺术的本质属性。孙氏的观点表达了中国艺术的最终理想和最高境界，彰显了《书

[唐]孙过庭《书谱》，草书，台北故宫博物院藏

谱》的重要美学价值。孙氏在《书谱》中强调书法艺术中的矛盾处理与和谐统一。他要求书家在浓枯、燥润、显晦、行藏等对立之间恰当地平衡，以达到和谐的境界。他追求书法的自由审美，使书艺能穷尽变化、表达情感。他倡导书家在对立二元之间游走，并最终实现统一的和谐，体现了中国哲学中的圆融与中和观念。

一 中国书法的哲学表达

中国书法作为东方艺术，代表着中国文化的核心，具有深厚的哲学和审美精神。它能为其他艺术提供美学基础，展现中国美学的独特魅力。书法理论家认为，书法体现了中国哲学的"道"精神。书法艺术依托于汉字，体现了中国朴素的辩证主义哲学精神。书法被视为"载道"之艺术，能反映宇宙万物的普遍性和规律性。书法中的形式规律与宇宙自然相呼应，展现了宇宙美的奥秘。总之，中国书法是一门与哲学紧密关联的艺术，艺术地表达了中国人对于生命、宇宙和人生道路的思考与追求。

中国书法和中国哲学都蕴含着深厚的文化底蕴和精神内涵，都表达着中国人对自然、人生、道德、伦理等方面的思考和感悟。在书法作品中，往往能够看到书法家对于诗词、经典、名言等文学作品的引用和借鉴，这些作品中的哲学思想也会在书法中得到体现。例如，中国书法和中国哲学都强调"道"的概念，即追求一种完美的境界和状态。在书法中，书法家通过不断地练习和修炼，追求笔墨意境的完美表现，达到"心意相通，笔墨自然"的境界。中国哲学中，也强调通过修炼和实践，追求道的境界，达到心灵的平静和自我超越。中国书法和中国哲学都注重"中和""和谐"的概念，即追求一种平衡、和谐的状态。在书法中，要求笔画的粗细、宽窄、长短等要素的平衡和协调，以达到整体的和谐美感。中国哲学中，也强调人与自然、人与社会、人与自我之间的和谐关系，追求人类社会的和谐发展。中国书法注重笔墨的运用和意境的塑造。书法家通过墨色的浓淡、笔触的粗细、运笔的快慢等技法，表达出作品所要传递的意境和情感。意境的塑造要求书法家在书写过程中能够进入心流状态，与墨、纸、笔合而为一，使作品具有独特的艺术韵味。

中国书法的笔法也富含着哲学意味，例如提按是一种垂直上下用力的用笔方法，通过提起和按下笔锋来形成笔画的粗细变化和笔画之间的转换。它呈现了一种相互对立而又相互依存的和谐关系，提按之间互为因果，需要自然而然地运用，贵在心中不想，顺着笔势起落自如。在提按笔法中，提与按是互相对立的和谐关系，也是形势的相互转化。类似

[唐] 柳公权《玄秘塔碑》(局部)，楷书

于《道德经》中的"将欲歙之，必固张之；将欲弱之，必固强之；将欲废之，必固兴之；将故取之，必固与之"，想要收缩先要扩张，想要柔弱先要强大，提按的运用正是如此。提按的运用体现了自然的变化和阴阳交互作用的思想本质，通过笔法表现出阴阳、动静、刚柔、舒敛、虚实等对立统一的美感。

力量的轻与重是书法的基本笔法之一。它体现了笔端与阻力之间的相互作用。书法家要有像健康人那样骨骼强健、肌肉发达、血脉畅通的笔力。笔力是内在力量，通过点画和线条表现出来，传达情感。它通过逆锋涩行等手法展示，涉及相反力的对抗和统一。这种相反力的运用与统一产生了笔尖涩行之力。书写过程中的笔力是看不到的，但可以通过纸上的字迹感受到。书家将全身之力通过腰、肩、肘、腕、掌、指层层传递，然后通过笔墨呈现出笔力。晋卫夫人说："点、画、波、撇、屈曲，皆须尽一身之力而送之。"这意味着笔的力量主要来自书写者，笔力是一种内在力量的支撑。在书法中，横平竖直并不是绝对的，而是相对的。书写时要加力，这样会产生一些弯曲的效果，但视觉上仍然是直的。这种挺直是内在力量的支撑，使字迹有力量感。在书写横画时，要加力在笔锋的上边；在书写竖画时，要加力在笔锋的左边。这样能产生挺直的效果，符合"大直若屈"的道理。

三 著名书法家的书法创作与哲学

著名书法家的书法创作不仅是艺术创作，也是哲学思考的结果。在中国书法史上，有很多著名书法家，他们的书法作品代表了不同的书法风格和哲学思想。王羲之是中国书法史上最著名的书法家之一，其书法作品以"气韵生动""神韵超逸"而著称。王羲之的书法创作与他的哲学思考密不可分，王羲之的书法审美非常重视"意"，不管是他自己作书或是评论他人之书，都把"意"作为重要的审美标准，强调了书法作品的生命力和灵性。王羲之的书法作品如《兰亭序》展现了舒缓、宁静的旋律，传达出从容、静谧、和谐、清逸的氛围。他将书法与"意"紧密联系，认为点画之间蕴含着意境，而"意"又是无法完全表达的。王羲之的成就使书法真正进入殿堂，他将书道称为玄妙之技，将书法与道合一，展现了深邃玄奥的意义。魏晋时期玄学的影响使得这一时期的书法成为一种通达微妙的艺术，与道家思想相互交融。王羲之在书法艺术上的贡献和思想的深刻，使其成为书法史上具有划时代意义的人物。

又如唐代书法家颜真卿，其书法作品既能留存以往书风中的气韵法度，又能不为古法所约束，突破了初唐的特点，自成一格，形成"颜体"。他的作品中线条蜿蜒变化，或

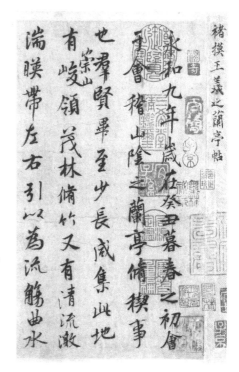

[晋] 王羲之《兰亭集序》(局部)，唐摹本，楷书，故宫博物院藏

高大或圆浑，连为一体，彼此交融，注重书法的内在精神和外在形式的统一。颜真卿著名的书法作品包括《祭侄文稿》《麻姑山仙坛记》《东方朔画像赞》《颜勤礼碑》和《多宝塔碑》等。这些作品展现了颜真卿独特的书法风格和深厚的艺术造诣。《祭侄文稿》是颜真卿的行草代表作，以其雄浑大气、流畅有力的笔触而闻名。《麻姑山仙坛记》是他的一部楷书力作，庄重严谨、雄浑娟秀。《东方朔画像赞》展现了清俊与雄浑相融合的风格，被誉为颜真卿的珍贵之作。《颜勤礼碑》是颜真卿为其曾祖父所作的神道碑，记录了颜家祖辈的功德和子孙的伟绩，被列为国家级重点保护文物。《多宝塔碑》是颜真卿早期的得意之作，承接了虞世南、褚遂良的风格，字里行间充满了雄浑娟秀的气势。这些作品体现了颜真卿在书法艺术上的卓越成

[唐] 颜真卿《多宝塔碑》（局部），楷书，西安碑林博物馆藏

就和独特风格，为后世书法家所推崇。他的作品具有情感与灵性，行文自然而奇特，达到了雄浑、刚健的思想境界。颜真卿的书法风格入笔坚实、行文刚劲，同时兼具雄浑与秀丽之美。书法主题凸显哲理，将情感与生命哲学融入书法作品中，焕发了盎然的生机与活力。颜真卿的书法创作展示了其卓越的书学境界和开阔的思想视野。

董其昌和傅山在书法中谈到了奇与正的关系，以及笔势的变化和平衡。奇指的是倾斜、不平衡、危险、运动，而正指的是平正、稳定、相对静止。这两种力量的和谐统一体现了动态平衡的审美原则。奇与正相互转化与融合，形成了书法笔势的奇幻调和。董其昌注重形迹，傅山注重心态，但二者的核心都是力的平衡和技巧的运用。在笔势中，奇险以正常为基础，溢出于正常，产生一种富有动荡节奏的态势，表现书者的胆识和个性。当奇与正达到平衡时，产生了一种"似奇反正"的大美。然而，超越了适度的奇与不符情理的正是不可取的。动的本源在于静，心中有静气才能表现出动感。书法中的奇正变化可以通过横势关系、纵势关系和综合关系的笔势互动来实现。这种奇正相生的笔势能够营造出丰富多样的艺术感受，展现了书法的表现力和美感。

董其昌追求书法中的清淡，将其视为审美的核心。他认为淡是书法的精髓，必须天然而非人为地融入作品中。他引用苏东坡的观点，认为经过渐老渐熟后才能达到创造平淡的境界。这并不意味着排斥后天的努力，而是强调淡的境界源于个人的修养和人格精神。董其昌追求的淡雅、秀润的审美取向体现在他的笔法、结字、章法和用墨上，追求虚实相间、疏朗调和的意趣。他强调通过学习古人并渐渐熟悉后才能形成自己的风格，这种熟后求生的过程是实现淡远意境和自然天成的重要部分。他认为书法需要熟练的技巧和个性的创造力，熟与生相辅相成。董其昌将自己的生解释为秀丽之美，代表个性的表达。他强调个性化的熟练程度超越了俗气的熟，而达到了真正的淡境，这是源于个人天赋和性情的真实表达。因此，董其昌追求的清淡风格既包含学习前人的精神，又融入了自己的个性风格。

董其昌对于学习书法，强调了临古的重要性。他认为如果学习书法不从临古入手，就会陷入错误的道路。董其昌所提倡的临古包含了观察古人书法作品的大意，并从中获取灵感和启示。董其昌提出了"妙在能合，

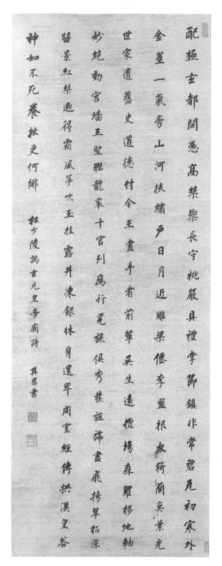

[明] 董其昌《楷书杜诗轴》，故宫博物院藏

神在能离"的观点,他将这种临习的过程称之为"合"。所谓的合,就是夺取他人的神韵,观察古人的举止、笑语、真精神流露的地方,而离则是脱去古人的笔法风格,自己找到独立的风格和个性,如同禅宗悟道后脱胎换骨,呈现出全新的面貌。董其昌的创新精神在他的书法实践中得以体现。他认为坚守传统而不变通的书法家只是书法的奴隶,因此提倡自主创新。董其昌在他的书法实践中既重视顿悟的过程,也注重渐修的过程。他通过孜孜不倦的临习和模仿,逐渐达到了顿悟的境界,脱胎换骨,超凡脱俗,最终实现了他所追求的淡的境界。

拓 展 阅 读

1. 乔志强编著:《汉唐宋元书论赏读》,上海人民美术出版社,2020 年。

2. 季伏昆编著:《中国书论辑要》,江苏凤凰美术出版社,2019 年。

3. 于唯德、孟庆星主编:《中国书法史》,湖南大学出版社,2020 年。

4. 高宇昂、高霄:《图说中国书法史》,北京师范大学出版社,2021 年。

思 考 探 究

1. 你最喜欢哪一位书法家?这位书法家的作品能引起你哪方面的哲学思考?

2. 书法中是怎样体现书法家的哲学思想的?

外国文艺作品中的哲学思想

第 **1** 讲

人生的意义

———文艺作品中的"意义"探寻

弗兰兹·卡夫卡用看似荒诞不经的笔调编织出一部想象奇诡而寓意深刻的《变形记》。作为社会底层推销员的格里高尔在某天醒来后发现自己变成了一只甲虫。此时，他猛然发现自己以往的人生竟被毫无意义的劳碌奔波填满了。当他以甲虫的面貌出现在人们面前时，遭遇的却是秘书的惊恐、父亲的羞辱。他成了别人眼中毫无社会价值的废物，并逐渐被所有人遗忘，最终在饥饿中狼狈去世。

《变形记》书影

当一个人变成甲虫之后，它的生命还有意义吗？如果有，这份意义是属于人的，还是属于甲虫的？换言之，"甲虫"的一生有意义吗？

什么才是人生的意义？失去自我价值和个性

意识的格里高尔，用他自身的悲剧警示我们：像机械一样不加反思地活着，只不过是一种动物性的生活，哪怕你的身体还没有变成甲虫，你也只不过是如同甲虫一般的存在。如果我们想要不像甲虫而像个人一样地活着，那么我们就要了解人在社会中的角色，明确人生的存在意义，进而更有追求地去生活。

● 一 自在还是自为：意义由谁来创造？

人们都喜欢说"做自己""坚持自我"，可是所谓自我，从来就不是先天既定的东西，而是在后天的社会关系和生活经历中不断被形塑和创造出来的。在社会关系的轮转中，在生活经历的绵延中，自我也总在发生着变化。毋宁说，自我就是一股"流"，它从形形色色的人生遭遇中穿梭而过，用各种标签和符号裹紧自身，却从不被这些标签和符号所束缚。

一个人十岁的时候不会画画，不代表他二十岁的时候不会成为一名画家；一个人小学的时候成绩不好，不代表他到初中就一定成绩不好；一个人三十岁的时候是一名科研人士，不代表他四十岁的时候不能去做其他工作……

这也就是人作为一种"自为的存在"，同"自在的存在"之间最大的区别。自在的存在是给定的、不变的、既成的存在，对于它而言，本质先于存在，它生来就是这个样子，和其他事物也不发生联系，将来也不会有任何改变。好比裁纸刀，从把它制造出来之前，我就知道我将要把它用作裁纸刀，它在未"出世"之前就已经获得了自己的用途和规定。但自为的存在则不同，它是超越的、生成的、自由的存在，对于它而言，存在先于本质，它总是存在于问题中，不断地追问着自己的去路，从而把自己同现存状态分离开来，它的存在是"悬而未决的、永恒的延期"。

"我是谁""我从哪里来""我要到哪里去"本就不是有待解决的问题，不是需要被填补的空格，而恰恰就是存在本身，是生命本身。换句话说，人生本就以问题的形式存在，人通过不断询问自己是谁、想成为谁、可能成为谁，在疑问句和肯定句的不断转换中展开自己的存在。

毋宁说，在诸如"我是谁"此类的存在之追问中，"是"并不代表一种肯定，而是代表一种潜在性、一种可能性，它实际上想问的是：我可以成为什么样的人。"什么样的人"这个空位，待填入的不是一种职业，也不是一种身份，而是一片无垠的旷野。在这片无边无际的疆域上可以生长出姿态各异的草木，没有哪一株比其他植株更尊贵，也没有哪一株比其他植株更低微，它们只是各自张扬而共生着。尽管一个人长成今天的模样，必定要受到种种条件的制约，但从何种制约中取道而过，从而获得自己的规定性，却总是取决于人自己的选择和努力。

🌑 二　角色的叩问：符号活动的意义认知

叩问自己存在的价值，实际上就是拷问自己存在的意义，是对自身"作为什么而存在"的质询。吊诡的是，人要对自己"作为什么而存在"做出回答，往往需要把自己联系到一个自己所不是的"符号"概念上。好比说，"律师"是一个独立于"我"之外的概念，它原本与我毫不相干，但是当我想说明自己作为什么而在这个社会上存在时，可能就会说"我是一名律师"。在这句自我陈述中，我所表达的并不是我的本质——我并不生来就是律师，也并不是生来就注定要当一名律师——而是我的职业，或者说，以职业为划分标准，我所归属的社会范畴。在这句话里，"律师"既大于"我"，又小于"我"：说"律师"大于"我"，是因为"律师"这个职业里包含了千千万万从业者，显然不只我一个，我只是这个集合中的一个元素；说"律师"小于"我"，是因为"我"身上不仅负载着"律师"这个身份，在不同的情境和场合中，我还有其他身份，"律师"只是标记在"我"旁边的一种注释。

在现实生活中，"我"要言明"我之所是"，就需要在社会名分表上"确证"自己，将"我"符号化为"我在社会上所扮演的特定角色"。我们并不是泛泛地、无所面向地直接道出自己的身份，相反，我们总是先知悉在我们面前的对象是什么人，然后根据他们与我的关系性质和相对位置来确定自己"作为什么角色而存在"。比如说"儿子"，不可能对任何人来讲都是"儿子"，只有处在与父母的关系之中，相对于父母而言，才是"儿子"；"家长"亦如是，他们不可能对任何人来说都是"家长"，只有处在和孩子的关系中，相对于孩子而言，他们才作为家长而存在。我的角色不仅仅是我的角色，或者说，它不作为我的角色而直接在场，它具有整个社会关系的符号意义。那些用于解释我们的符号、集合，往往说明了我们的职业、身份与特征，它们本身是社会活动的创造物，是人存在于社会中的意义说明。因此，人是居住于意义中的动物，只能作为具有某种意义中的动物而存在，而不可能只在真空中存在，否则一个人的人生就会陷入虚无，就像小说中的格里高尔那样——当格里高尔变成甲虫的那一刻，生命的意义便消解了。在小说的叙事中，我们可以发现两次来自不同维度的意义消解。

第一次，他者朝向格里高尔的意义消解。格里高尔发现自己变成了一只甲虫，彼时的他第一次意识到：从前的生活充斥着低劣的食物、常年的奔波，而这一切换来的却只是家人的安逸，于他自己似乎无益。这里是作为经验对象的生活世界或格里高尔这些年与世界打交道的痕迹意义的消解。这些年"具体生存事务"的意义，于格里高尔而言，在顷刻间荡然无存。

第二次，格里高尔面向他者的意义消解。当人们发现格里高尔变成了一只甲虫，格里高尔身上的社会意义，也在瞬间烟消云散。人们与格里高尔打交道，并不是与这具有人格的肉身打交道，而是与他所代表的社会符号打交道；格里高尔的意义，只能从其所扮演的社会角色以及他在象征秩序中所占有的位置来进行定位；换句话说，格里高尔的意义，只能在社会关系网络当中，为他者所中介——正如哲学家萨特所言，人"只有为他人存在"，才可能获得意义。个体从他者身上中介出自己的意义有两种途径：第一种途径，是在具体的关系中，以相互关系的视角来定位个体之于他人的意义所在。对于格里高尔的父母和妹妹而言，格里高尔的存在，是"作为家庭经济来源"而存在；格里高尔可以为他们提供经济支持，这是他们眼中格里高尔的全部意义所在。第二种途径，以社会价值评价体系为参考依据，根据符号对应关系为个体设定意义。例如，作为社会人的格里高尔，他在社会符号网络中占据的是一个底层推销员的位置，他的意义来自以推销工作创造经济价值，当他失去劳动能力后，他的社会意义也就此被抹去了。

变形后的格里高尔，尽管在思想上仍是一个人，还能形成连续的、统一的自我意识，并按照社会的价值标准去要求自己；但作为符号秩序的社会关系网络却已将他驱逐出境——他对他人和社会均没有任何意义和价值可言，没有一个现有的、具有社会意义的符号集合可以容纳他。他孤独地存在着，却不能作为任何有意义、能象征的角色在场，成了一个"漂浮"的个体。

在这个故事里，格里高尔的意义，是全然交付予他者定夺的——他者先为其设立了一个先验本质——或是负担家庭生活，或是创造经济利润——并用这一先验本质来检验格里高尔是否具有意义。变形前的格里高尔，也正是围绕着这些先验本质，来筹划自身的生存的；一旦他不再具备满足先验本质要求的条件，生存的意义便必然滑向虚无。

显然，格里高尔无法意识到：即使是那些作为符号指代和角色象征的"意义"，也不过是人类活动的建构物；象征意义形塑人类之时，也正是人类形塑象征意义之时。

三　反思：没有规定好的人生

为什么说"不经反思的人生是不值得过的"？"人生意义"乃是一个终极性问题，但终极性问题却不一定需要终极性答案；因为"在路上"才是人之为人的存在性特征。人生不是一个断言、一句陈述，而是连续叙事——

只要人还活着，甚至不一定还活着，就永远有新故事可以讲。正所谓，人生不是"制定了完美蓝图再去施工的工程项目"。

一旦步入功绩导向社会，一些媒体总是热衷于向我们推销某种生活方式，仿佛只有选择某一种活法才是进步的、正确的或者优秀的，包括但不限于："想活得有质量的人都应该来到健身房""不热衷于'考研''考公'的人都是不上进的人""在家庭和事业之间应当毫不犹豫选择事业才是明智的选择""层次高的人都应该不发以下几类朋友圈"……它们试图误导你，让你以为这世上存在着一个普适的成功人生模板，任何人只要根据这一模板来规划自己的生活，就可以"过得好""活出彩"。

可正如我们前面所说的，人生的意义并不是规定性的，而是生成性的，谁都可以创建自己的人生意义，并不是非要按照一个标准答案来安排自己的生活。如果我们不假思索地接受了某种活法，认定那就是人生的终极存在形式，那其实我们是默许了某种决定论对我们的支配，那样一来，我们便像一个机器一样遵循某个程序而运转，没有任何主体性和能动性，仅仅是根据规划好的路径消磨人生。这何尝不是一种命定论？这样的人生，其实也就并没有什么意义或者无意义的问题了——人不过是一个被设置好了运行模式的程序，对于一个程序而言只需要不出故障就行，意义不是它们需要考虑的问题——反正一切都是被决定好的了，还需要谈论什么意义呢？

在狄尔泰、柏格森等生命哲学家看来，生命既是绵延流淌的，又是时刻可以泵出新的源头活水的。阿德勒受尼采超人思想和权力意志思想的影响，提出个体的自我超越与自我实现具有一致性，人只有超越自我才能实现自我。生活目标与生活风格是个体突破自我、自我超越的外在方式和风格，而生活方式和生活目标只能由自己决定，他人无权品头论足。

人生的令人叹奇之处就在于，人随时可以在涌动着的生命之流里激起新的潜能与生机；而意义的令人欣慰之处就在于，意义不为他人定夺，而全凭自己做主，只有当这件事与你相关且你认为它是重要的，你才会说它是

"有意义"的；与你无关的事情，即使对别人而言很重要，你也不会认为它对你有意义。找寻人生的意义，其要义就在于：在你认为与你有关且重要的领域里深耕，并不断超越现有的自己，从"现成的你"走向"未知的你"。

拓 展 阅 读

1. [法] 雅克·拉康：《拉康选集》，褚孝泉译，上海三联书店，2001年。

2. [法] 萨特：《存在与虚无》，陈宣良译，生活·读书·新知三联书店，2014年。

3. [法] 萨特：《萨特戏剧集》，沈志明等译，安徽文艺出版社，2000年。

4. [法] 加缪：《西西弗神话》，沈志明译，上海译文出版社，2000年。

思 考 探 究

1. 如何界定"意义"？

2. 人是否生来带有某种"隐藏的自然使命"？

3. 你认为何谓"有意义的人生"？

第 2 讲

善恶的奥秘

——文艺作品中的"善恶"辨析

陀思妥耶夫斯基将法国经典刑事案例移植到了十九世纪的圣彼得堡，小说《罪与罚》由此诞生。一位叫拉斯克尔尼科夫的穷苦大学生，在穷困潦倒的绝境下，以正义的名义私自杀死了放高利贷的老太太；又为了掩盖犯罪事实，杀死了老太太善良又无辜的妹妹。在此后，他却不仅没能感受到替天行道的满足感，反而时时饱受着悔恨与恐惧的折磨。最终，在同样受尽苦难的底层女孩索尼娅的感召下，拉斯克尔尼科夫选择了投案自首，并在流放与苦役中得到了真正的平静与救赎。

陀思妥耶夫斯基的每一部作品都可以被看作一场思想实验，其思想实验大致可以分为三类：尝试找到自身与周遭世界打交道的框架与法则，却只能蜷缩在自己的空间里，无法与他人进行交互活动的"地下室人实验"；代替上帝审判一切，并调动一切世俗资源与权力为人世间立法的"大法官实验"；

信奉"崇高理想"和"最大公共福祉"，并不惜以正义之名损害其他个体利益乃至生命的"超人实验"。

这三类思想实验事实上可以看作哲人尼采发出"上帝死了！"的名言之后，世间所呈现出来的三种思想状态。西方人的传统观念认为，在上帝离开人间以前，人们总是能根据上帝所制定的最高伦理法则找出什么事情是自己能做或应该做的，什么事情是自己不能做或不应该做的。但后来上帝离开了人间，于是人们不再能向上帝询问人事并得到一个确定的答复。因此，人们不得不重新独自踏上寻找根本价值和道德准则的崎岖道路。没有了上帝的指引，摆在人们面前的是千千万万条荆棘丛生的岔路，人们必须从中选择自认为正确的那一条，并为自己的选择承担一切后果。

生活在潮湿而阴暗的地下室里的无名氏，从狭小的井口仰望苍茫的星空，试图为自己找到与世相处的法则。只是生活在地下室的人虽然制定出了一套为人处世理论体系，却时常忧心忡忡，他担心自己认定的是非标准、曲直准绳是否对他人同样也适用，他担心自己认定是蜜糖的东西会不会变成别人的砒霜；他不愿意让自己的思想伤害他人，也不愿意让他人的否定伤害自己，于是他人成了他的噩梦，他只能躲进自己的小小天地，在自己所想象的世界里进行思想实验，不敢轻越雷池一步。现代启蒙思想带给他的种种知识，最终成了使他丧失自我认同、陷入胡思乱想的建筑材料，为他搭造成了一个封闭的知觉世界。

与胆怯的地下室人不同，宗教大法官们掌握了现代启蒙社会的运行秘密，他们知道这片世俗大地上的人们想要什么、渴望什么、欲求不得的是什么，他们也知道如何让人们想要某种东西、喜欢某种东西、认同某种东西，更知道如何调动地面上的一切社会资源来使人们接受某种社会规则和行为规范。也正因此，他们可以轻而易举地创造人们的欲望，让人们在潜移默化之间自觉而不自知地认同并遵守某些规矩，代替上帝为人世间创立法则。

超人并不像地下室人那样怯懦，也不像宗教大法官那样拥有诸多权力来管理人类，但他们找到了他们奉为圭臬的崇高理想，并敢于跨出自己的想象

《罪与罚》书影

去践行自己的处世理论。拉斯克尔尼科夫就自以为是个中翘楚，他不仅在思想中分析世界、理解世界，而且还动用所学为自己的思想和行为赋予强有力的"论据"："一个愚蠢、无用、渺小、狠毒而有病的老婆子，对任何人都没有好处……她自己也不知道为什么活着，说不定明天就会自己死掉……杀死她，把她的钱拿来，有了这些钱，以后就可以献身于全人类和公众事业。"在全人类的福祉面前，一个放高利贷的老婆子的性命是微不足道的，杀死她不仅不是罪恶的，甚至还是正义的——在他的想法中，老婆子并不是一个感性的个体，而是某种社会病症，于是杀了她就是摧毁这种社会病症了。

可是，当作为不公与邪恶的化身的老太婆死亡时，拉斯克尔尼科夫却又陷入了深深的懊悔之中：为了某个所谓的崇高理想而去剥夺一个人的生命权利就对吗？出于正义的目的却导致了不义的结果，是善还是恶？

这涉及我们如何理解善与恶的奥秘。为此，我们需要首先明确：善与恶，到底是事物本身的性质，还是我们自身的知觉与判断？对于善恶，我们能否得出一个能被公众普遍认同的定义？对于善的和恶的行为，我们是否能形成统一的分类标准？

一 善与恶的理解史

古希腊早期哲学家并不从终极价值论的角度来探究"善恶是什么"，更多的是从规范价值论的视角来区分什么是善恶。问"善恶是什么？"意味着我们要赋予"善"和"恶"一个抽象的定义；而问"什么是善恶？"，则意味着我们要对具体的日常行为进行分门别类。这一时期的善恶观念主要以格言的形式表达出来，如克娄布鲁之"节制是最好的"、梭伦之"关心要事"、奇仑之"听命于法"。

毕达哥拉斯将宇宙看作各种对立关系所构成的和谐统一体，善和恶是组成道德整体的对立与和谐的一组基本关系，善只有在与恶的对应中才会呈现出来。赫拉克利特认为善和恶、公正与不公在相互依存与相互斗争之间相互转化，由此世界得以在永不止息的运动中形成一个内在统一的整体。"希腊七贤"、毕达哥拉斯和赫拉克利特都是从自己的政治观或宇宙观出发，直接断言"什么是善／恶"或"善／恶是什么"，他们还没有意识到当我们在说"什么是善／恶"或"善／恶是什么"时，实际上是在说"我认为什么是善／恶""我认为善／恶是什么"。智者学派则向内自反，将"善"和"恶"理解为人创造的产物，并认为我们无法得出一个关于德性的普遍概念。我们觉得某些行为是"善"的，其实都是基于自己的经验、主观的情感、各自的思维框架，而把它们定义为"善"的；我们所认为的"善"，换到另一个人的眼中，以他的经验体系和思想体系看来，或许就变成了"恶"。

苏格拉底认为林林总总的美德都受至善的统领，至善是诸美德的共同本性；但事物本身无所谓善恶，当事物对于我们而言适用时，我们便称它善；当它对于我们而言不适用时，我们便说它恶。柏拉图也承认具体的善恶总是相对的，但在具体的善之上还有一个绝对的、至高无上的"善的理念"，具体的善是因为有了善的理念才成为善。亚里士多德提出至善就是幸福，就是合乎德性的现实活动。所谓德性，就是"居中性"，因此对于个人而言，最高的善就是"中道"；对城邦而言，最高的善则是"正义"。

中世纪时期的善恶观念，是围绕着"上帝"这一核心建构起来的。奥古斯丁宣称上帝是至仁至义、无所不在的至善，由上帝创造而来的一切存在者也必定都是善的；恶本身不能独立存在，它只是"善的缺乏"。托马斯·阿奎那认为至善是一切活动的最终目的，一切具体的善都是至善的化身与映射。公共社会幸福是衡量个人行为善恶的标准，个人幸福应服从公共幸福。

[意大利] 拉斐尔《雅典学院》，意大利梵蒂冈博物馆藏

　　近代哲学家热衷于用观察归纳等方法来建立经验主义善恶观，或用理性设定和认识的普遍原则来对自己的善恶观进行演绎和推理论证。经验主义者多以主体的情绪反应作为判断事物善恶的标准。培根根据自然力关系的原理，提出了"全体福利说"，他把"善"和"利"结合到一起，并指出"善"就是"有利于人类"。霍布斯通过对感性经验的分解和组合，认定"人是感性的物质的实体"，善恶的根源就在于人类的感觉，人所欲望的便称为善，人所憎嫌的便称为恶。依据感觉，善/恶可以分为预期的善/恶、效果的善/恶和手段的善/恶。洛克认为人们不可能拥有被普遍接受的善恶标准，善就是能引起快乐或减少痛苦的东西，相反，恶就是能产生痛苦或减少快乐的东西。休谟认为善与恶的区别并不根源于理性，而是根源于情感，善和恶只是两种性质不同的知觉。边沁也主张善恶判断的标准就是感觉经验的快乐和痛苦。

　　与经验主义者不同，理性主义者将是否符合理性或有助于理性作为衡量善恶的标准。笛卡儿认为善恶观念和道德原则不是由感性经验得来，而是理性天生固有的，理性是判断善恶的尺度。斯宾诺莎认为为理性所决定的欲望总是善的，有利于我们的知性或理性趋于完善的事物便是善，而阻碍人的理性完善的就是恶。莱布尼茨认为，伦理善恶选择上的自由，就是在理性指导下摆脱情欲的役使，他主张以上帝制定的符合理性的固有规则作为衡量善恶的标准。

康德将"你的行动应该把行为的准则通过你的自由意志变为普遍的自然规律"确立为理性的普遍立法原则。他主张自由是理性存在者的固有性质，人可以通过自由意志确定自己想达成什么目的、选择做什么样的事情；意志可以使人自主地选择行善或行恶，促使人行善的意志就叫作"善良意志"；意志必须按照某种规则来进行活动，这个内在的特定的规则，就叫作"道德法则"；道德法则把善行本身看作目的和义务，人们遵从它并不是因为什么别的原因，而仅仅是因为它就是我们"应当"做的、是适宜人类共同本性的一切社会道德生活的基本定律；也就是说，道德法则具有无条件的必然性，所以它又被称为"绝对命令"。

康德在其历史哲学中赋予"恶"以历史动力的重要地位，黑格尔沿袭了这一历史观，不再像近代机械论一样孤立静止地来看待善恶，而是把善恶放进更宏大的历史叙事中进行把握。他认为，人的本性并不是一成不变的，而是亦善亦恶、亦正亦邪，在复杂的博弈中变化发展的，被传统哲学当作恶的自私和欲望恰恰是历史现象的动力之源。人类的一切活动都遵循着一种在冥冥中指导历史发展的隐秘逻辑，即理性；理性让人们遵循着自己的本性去生活，每个遵循着自身本性的自利的有欲望的人，都在彼此影响、相互塑形，由此推动了社会历史的发展，帮助社会历史实现它的"隐蔽计划"。

费尔巴哈认为善恶只能从你我关系中产生，从对个人幸福与他人幸福的调节中产生。马克思和恩格斯将人类的物质生产活动看作一个具有内在冲突的动态进程，包含着创造与异化双重内容，我们可以在当前的现实生活中创造出符合社会情况的善的东西，但当它颠倒为对我们的压迫与桎梏时，它又成了一种恶的东西；于是我们将它毁灭，创造出新的善的东西，新的善的东西又将在历史进程中变质成恶的东西，然后被更新的善的东西所消化，由此历史得以生生不息。

总的来说，我们可以从以下几个层面来认识善恶：第一，事物是善是恶，总是取决于人类主体自身的判断，对人而言是适宜的、能使人快乐的、是人想要的，我们便说它是"善的"，反之我们就说它是"恶的"。所以，"善"的第一层含义，我们可以概括为"事物的可欲之好"，这是就主体的感觉来说，强调的是善恶的主观性。第二，一种行为是善是恶，总是游弋不定的，一种行为在这个场合、这个时机、这个情境中是合宜的，我们就说它是善的；但是有可能，它离开了这个语境，或者超过了某个尺度，它就变成了恶的。所以，"善"的第二层含义，我们可以概括为"行为的恰当适中"，这是就行为的程度来说，着重的是善恶的相对性。第三，只对一个人而言是善的东西，我们并不会因此便称它为善；对一个人而言善但对其他人而言是恶的东西，我们更不会说它是善的，也就是说，善需要考虑他者的存在，只有对他人同样是善而不只是对我善的情况下，我们才能称该事物为善。所以我们说，善恶必须具有公共性。第四，很多时候我们料想本该是善的事情，却走向了恶的一方，出现了恶的结果；本以为是恶的事情，却不知为何呈现出了善的局面。应该说，善恶是复杂的，同一个事件在不同的发展阶段会表现出不同的性质——在尘埃初起时是善的，在尘埃飘零时可能是恶的，到了尘埃落定时又复归于善。可以说，善恶是可分析的。

简而言之，善恶总是主观的、相对的、复杂可分析的、面向公众的。这意味着，我们要说一个事情是善是恶，就不能只说它是善是恶，还得看：这个事情对于我们来说，有什么意义，是能给我们带来好处，还是会对我们造成损害？这个事情是在什么样的情境和场合下发生的，其性质和程度是否适宜？这个事情除了对我们自己而言是有益的或有害的之外，对他人、对大众而言是好事还是坏事？如果把整个事情展开来看，这个事情的出发点、过程、结果及其影响，分别是好是坏？

即便我们现在暂时能够对"善 / 恶"有一个基本的抽象认知，但要具体判断一个事情是善是恶，仍不是一件简单的事。很多时候，我们会为了达到一个"值得欲求"的目标，采用对大部分人都好的手段，结果却造成了不可收拾的糟糕局面。再如，对于一件事情，出于善的目的，采用了恶的手段，造成的结果对一部分人而言是善的，对另一部分人而言却是恶的；又或者此时的结果是善的，但它带来的长期影响却是恶的，此时，我们该如何评价这种事情？

拉斯克尔尼科夫就是一个典型的例子，他的犯罪有一个崇高美丽的理由：让母亲和妹妹过上好日子，用老太婆的钱拯救世间的贫苦人。从这个善的目的出发，他选择了恶劣的杀人行径，结果，老太婆和她无辜的妹妹丧失了生命，但是受老太婆压迫的穷人们却从此能喘上一口气。从事情发生的情境来看，俄国社会的种种不公现象把穷苦无告的人们逼到进退维谷的境地，拉斯克尔尼科夫因付不起学费而辍学，他的妹妹杜尼娅被迫接受律师卢仁的求婚，而老太婆却在放高利贷敛财、私吞押品，让深陷苦海的穷人们生活雪上加霜。从对主体的作用来看，老太婆的存在使"年轻的新生力量因为得不到帮助而枯萎"，她的死亡对于深受其害的人们而言是件好事，她的钱可以用来捐助修道院、使千家万户免于穷困和死亡；但对于老太婆及其家人而言，这却是一场无妄之灾。此时我们应当如何评价拉斯克尔尼科夫的善与恶？

⬤二 极善之恶：启蒙理性的悖论

现代启蒙世界企图用追求纯粹知识的理性来驱逐上帝，却没想到反而把理性请上了神坛，从此理性成了新的神话。理性哲学要求人们运用各种所习

113

康德《纯粹理性批判》书影

得的科学知识，建立一个有关"什么事是可以做的"的理论体系，并以此来指导日常实践。它天真地认为一切都可以也都应当"合理"，要能经得起科学逻辑和推论体系的检验；但问题在于，同样严密的推理逻辑体系，在不同的前提指导下，会得出截然不同的结果。

以亚里士多德为代表的古典伦理学，近代机械论的道德观念，大多都把善行看作受理性支配和控制的活动，把恶行看作人类服从于动物本能的结果。然而，现代启蒙世界的真实情况却并非如此，人们可以理性地行恶，用启蒙运动带给自己的科学思想，为自己的恶行提供一套逻辑自洽的说辞。

康德把道德法则抽象为不掺杂任何杂质的、没有内容规定的定义命令，即"你应该"后面留下一个空格，需要意志自由的理性主体自己填入。

然而，萨德给康德留下的填空题写下的答案是"你应该尽情享乐""你应该伤害他人"。萨德先是把"自然"作为道德论证的最高原则，认为人类践行至高道德就体现在对自然法则的遵从上；而后又将"自然"的最高律令规定为"毁灭"，所以，萨德认为，为了自己的快乐而毁灭别人是符合大自然的原动力的。他笔下的茱丽埃特，就拒斥一切的自然情感，秉持科学理性的态度，严格遵循体系化的逻辑思维方式，用概念和命题来推导和验证自身行动的合理性，她的作恶不是本能的流露，而是理性的筹划。《罪与罚》中的拉斯克尔尼科夫也是这样，用他的"超人"理论和"算学"理论来论证犯罪的合理性：按照天性法则，人类可以被分为"平凡的人"与"不平凡的人"两类。拉斯克尔尼科夫认为，平凡的人循规蹈矩；不平凡的人热衷于打碎一切神像，他破坏现存的一切，但那是为了全人类能冲破桎梏、获得更美好的未来。所以，他以为用"一桩轻微的罪行办成几千件好事"，"牺牲一条性命使几千条性命免于疾病和离散"，是为了全人类的福祉。可以说，茱丽埃特与拉斯克尔尼科夫都是理性哲学内在创伤的化身，从他们的身上我们可以清楚地看到：理性法则如何在自身被推演到极致时，走向了自身的反面。

三 善恶的误识：诉诸正义与道德绑架

拉斯克尔尼科夫的困境，乃至理性哲学的困境，映射出我们在社会生活与人际交往中常常会面对的难题——抽象的道德准则，是否能成为人们日常识别善恶、践行善恶的标准？在舆论场上，我们经常可以看到一种现象：当人们试图论证某一件事情的合理性时，往往是先为其扣上一个抽象而重大的道德帽子，例如"公平""正义"，并试图借助这些道德终极标准的天然合法性，来直接断言相关事件的合理性。然而，如果人们并没有从亲身体验与具体情况出发，来赋予这些标准以丰富的、准确的内涵，那就往往会导致人们在理解公共事件与社会问题时陷入空洞的自说自话，而未能真正进入事件所处情境之中对复杂问题进行具体分析。

这种论证方式，倾向于先给某件事情扣上一个"不正义""不道德"的高帽子，然后用"非正义""非道德"在概念上的天然非善性，跳跃式地导出某件事情的天然非善性。其论证形式是这样的：

大前提：具有某种非善属性的事情是应当加以抵制的。

小前提：某件事情具有某种非善的属性。

结论：我们应当抵制某事。

这种论证的问题在于，它把一个复杂多面的事情简化成了一个标签，又把一个有待论证、有待考察的预设当成了不证自明的前提。举个例子："不爱国的人是应当被大众抨击的。一个人有很多外国名牌运动鞋，这是不爱国的表现。所以，我们应当抨击这个有很多外国名牌运动鞋的人。"这就是企图用"不爱国"的天然非正义性，来直接演证出"有很多外国名牌运动鞋"的非正义性，从而引发大众的抨击活动。要想使这个论证成立，就得先解决至少两个问题：首先，"不爱国"是指什么类型的行为，什么样的行为能被看作"不爱国"？其次，"有很多外国名牌运动鞋"这个事情是否确实已经满足了"不爱国"的诸条件、达到了"不爱国"的门槛？没有解决这两个问题，而直接把"有很多外国名牌运动鞋"这个事情与"不爱国"这个标签画上等号，这样的论证显然是不足为信的。

换句话说，要论证某个事情的非正义性，我们首先要对"非正义"的内涵和外延进行界定，先明确"非正义"的定义、哪些事情可以被划入"非正义"的范围内；其次还要对该事情进行认真的分析，看看它是否与"非正义"的规定相吻合，是否能归属于"非正义"行列。不能说你说它是非正义的，所有人就都得认为它是非正义的，就得全体联合起来抵制它。

当我们试图通过对某个事情非正义性的直接断言，来激起别人的抵制活动时，我们实际上是在实施一种"绑架"活动，就如一些"网络暴力"一样。这种时候，我们看似是在维护某种正义，实际上却是把服从"我的"思想体系当成义务强加到别人身上——这对持有不同观点者是种精神和情感上的伤害。

像这样以正义为名伤害持有不同观点者的事情，在社交媒体平台上屡见不鲜。由此可见，人唯有真正进入由具体情境、复杂问题交织成的矛盾之网中，对事情进行辩证的分析才有可能知道：在此时此地此种情况中，何种决定是善，何种行动才是恶。

（四）善恶的区分：基于群体生存与人的发展

　　根据马克思、恩格斯在《德意志意识形态》和恩格斯在《反杜林论》中对道德进行的起源论分析，可以得出：道德首先根源于人类个体与群体生存的需要，道德规范创造了安全的环境，同时维护生产和生活秩序，保证人类群体生存的功能；其次根源于人们自我肯定完善和发展的内在需要，即个体为实现自身意义和价值进行的自我教养；再次根源于人们相互协调、共同发展的需要。也就是说，道德与群体生存、人际关系以至人的发展息息相关。

　　校园霸凌一定是恶的，因为它侵犯了被霸凌者的安全空间，于被霸凌者的生存有害，且破坏了校园的秩序和谐，不能满足校园内人际协调、共同发展的需求。勒索敲诈一定是恶的，因为它危害了受害者的个人环境安全，对其个体生存造成了威胁。嘲讽他人的自然特征是恶的，因为它对他人的生存造成了影响。无端辱骂殴打他人是恶的，因为它既威胁了他人的生存安全，又破坏了加害者与被害者共同的生活秩序。……

　　因此，善是人们在认识和改造客观世界的实践过程中，道德意识与客观世界规律相符合，是从道德意识上去把握客观的必然性，是道德上实现了的自由。具体而言，善，不只是一种道德意识、道德观念，更是人们在道德实践中改造世界的手段，它必须表现在人们的道德实践活动上，表现在用道德实践改造世界的效果上。恶则相反，它违背社会的发展规律，对人和社会的发展起着阻碍的作用。从本质上讲，善是符合多数人利益的道德行为和品质，恶则相反。在这个意义上，善恶观念作为道德范畴，与道德的基本问题联系起来，善在现实生活中，就是有益于社会和他人的道德行为，而恶则是损害社会和他人的不道德行为。在有关道德与幸福的理解上，古希腊哲人苏格拉底曾指出："你以为你说的是件小事吗？它涉及每个人一生的道路问题——究竟要做哪种人最为有利？"他进而说："这个讨论涉及的绝不是普通的小事，而是我们应当如何生活的大问题。"

总之，善与恶作为道德评价的过程，体现了人们对于理想人格、人的全面发展的自觉追求。

青少年期是人生发展和品质形成的关键时期，学会明辨善恶是非，自觉加强道德养成，才能促进自身的健康成长与发展，努力成长为有知识、有品德、有作为的新一代建设者。

拓展阅读

1. [德]康德：《纯然理性界限内的宗教》，李秋零译注，中国人民大学出版社，2012年。

2. [斯洛文尼亚]斯拉沃热·齐泽克：《因为他们并不知道他们所做的——政治因素的享乐》，郭英剑等译，江苏人民出版社，2009年。

3. [德]马克斯·霍克海默、西奥多·阿多诺：《启蒙辩证法——哲学断片》，渠敬东、曹卫东译，上海人民出版社，2020年。

思考探究

1. 在日常生活中，你区分善恶的标准或依据通常是什么？

2. 你如何评价《罪与罚》中的拉斯克尔尼科夫？

3. 请举例说明"诉诸正义与道德绑架"而导致的善恶误识。

第 **3** 讲
世界的规则

——文艺作品中的"世界"理解

影片《上帝也疯狂》讲述了一个来自现代工业社会的可乐玻璃瓶，掉落在非洲原始部落布希族人的土地上后引发的一系列令人啼笑皆非的故事。这个晶莹透明又坚硬无比的漂亮物品让与世无争、单纯天真的布希族人眼前一亮，他们都认定这是上帝赐予他们的礼物。对于布希族人来说，这个从天而降的可乐瓶一开始确实是种馈赠，它不仅可以充当劳动工具，还可以充当乐器，给布希族人带去不少的欢声笑语。然而，正是由于可乐瓶的精美与实用，也因为它对布希族人珍贵和稀有，每个人都企图夺得它的所有权和使用权，于是矛盾和纷争降临了这片原本祥和的大地。为了平息内乱，布希族有个名叫基的人决定把这个不祥之物扔到世界尽头。在通往现代都市的路途中，布希族的世界观与现代社会的世界观之间的分歧显露无遗。

当你在路边看到一个可乐瓶时或许会想：这是一个垃圾，应当扔进垃圾桶。你也可能会想：这是一个废品，可以卖给回收站。然而，布希族的土著们可能会有不同的想法，他们会说："这是上帝赐予我们的礼物！"当我们看到金发碧眼、身材窈窕的凯特，我们或许会赞叹一声"美女"。但是土著人基却有不同的想法：这个白人不仅生得难看，还衣着古怪！当我们看到别人家养了只羊，我们或许会掏出手机拍照，再发个朋友圈。但基却不会这么做，而会出手将其捕杀，因为那是"上帝赐予人类的共同财产"，每个人都可以享用。

同样是一个地球上的人类，为何布希族人眼中所看到的"世界"与我们平常所见的"世界"如此迥异？对于世界，我们能否拥有统一的认识？要回答这个问题，就不能不先自问：什么才是我们平日里所说的"世界"？人和世界的关系是什么样的？我们是如何认识世界的？

一 我们习以为常的"世界"

我们常常把"世界"挂在嘴边，可是我们说的"世界"到底是什么？

我们总是在谈论"世界"，在"世界"前面添加各式各样的形容词，在"世界"后面填充各种各样的描述、解释和分析语段。可是，我们真有自信说"我知道这个世界"或者"我认识这个世界"吗？又或者，实际上，对于世界，我们只能说"我感觉""我猜测""我觉得""我认为""我估计""我设想"？

不妨先回想一下：我们在什么时候会提起"世界"这个词。当我们提起"世界"这个词时，我们是想表达什么？许多时候，我们会说到"自然世界""整个世界""大千世界"。在小学语文读物中，我们偶尔会读到诸如"露珠滋润着世界""梅花点缀着冰雪世界""好一个银装素裹的世界"之类的语句，这个时候，"世界"指的是人与自然万物共存的辽阔场所，是所有生命体的集合，它几乎与"地球""宇宙""寰宇"是同义词。我们还可能会用"世界和平""世界大同"来表达我们对未来的美好畅想。当我们表达称赞时，我们可能会说：鲁迅先生"享誉世界文坛"、赵州桥"世界闻名"。在课文中，我们也常常读到"中国已经巍然屹立在世界的东方"……这个时候，"世界"就变成了一个地理概念，与"民族""国家"相对，是地球上所有民族、所有种族、所有国家的集合。还有一些时候，我们会感慨"这个世界是怎么了""这个世界不该是这样子的""这个世界还会好吗"……这个时候，"世界"就成了我们所生活的社会环境的代名词，它没有特定的范围，没有规定的疆域，仅仅是我们生活境域的无限扩张，是我们平时所接触到的、所看见的"世界"，是人与人连接起来的一个整体网络，与"个体"和"个人"相对，有时我们也称它为"人间"或"社会"。我们的社会圈子铺展到哪里，这个"世界"的边界就延伸到哪里——我们就像被抛入湖水中的一颗石子，在湖心激起层层涟漪，最里面飞溅起的一圈波纹就是我们平常所在的生活场域，外面向远处推去的一圈圈波纹就是我们依照生活推理出来的、所猜想出来的"世界"。

作为生命集合体的世界、作为民族联合体的世界、作为社会统一体的世界……这三个"世界"的内涵不同，所指涉的对象也不同，但从根本上来说，都是把"世界"理解为"某种实存的总和"——我们见过许许多多的存在物，它们都存在于同一个空间里，或者说，如果有一个容器将它们包揽于自身之内，这个容器就叫作"世界"。

但是，"世界"难道仅仅是各种实存的简单相加吗？哲学家加布里埃尔批判这一观点，认为事物的总和不能被规定为世界，因为在事物之外还存在着事实，"事实"意味着两种事物之间的关系，例如"地球在太阳系之中"这一论断，就标示着"地球"和"太阳"之间的一种从属关系。我们对世界的认识里，不仅仅有"人类""动物""植物"，还有他们之间的相互关系；不仅仅有"中国""美国"，有"亚洲""美洲"，还有像"中国地处亚洲东部"这样的事实判断。事实的总和也不能被规定为世界，因为在事实之外还存在着对象域，所谓"对象域"是指同类的事物所共同归属的一个大一些的集合，芍药、百合、牡丹、昙花都可以一起出现在"花园"里，裙子、短袖、牛仔裤都可以一起出现在"衣柜"里，花园和衣柜都是一种"对象域"，是我们所讨论的那些对象所归属的聚集之所。而"世界"是对象域的域，所有的对象域都可以归属于另一个更大的对象域，国家可以被大洲所包含，而大洲可以被地球所包含，以此类推，以至最大的、不能再往外推的那个对象域，就被我们称作"世界"。

然而，事物往往并不是从一开始就以清晰可辨的"某种事物"面貌进入到我们视野中的，我们要认识某个事物，就必须先把它和其他事物区分开来，并给它一个名字，它才可以成为一个有自己特别意义的存在物映入我们眼帘。比如我们要认识"狗"，就先得把它从繁乱的"背景板"里拎出来，先肯定它跟旁边的杂草不是同一种东西、跟对面的羊不是同一种东西，至少看上去它们是不一样的；然后再确定，它具有如此这般的体型、如此这般的叫声、如此这般的习性、如此这般的用途等，正是因为有这些特点，它才显得如此与众不同；再接着，我们就可以给这个体型、叫声、习性和用途都与周遭事物不一样的东西起一个名字，叫作"狗"；到此为止，"狗"才正式成了一个我们可以单独讨论的事物出现在我们眼前。同样地，事实也不会自己告诉我们它是一个事实，事实是我们对所见、所闻、所知进行提取、连接、总结的结果。如果我们要下判断说"这个苹果是红的"，我们首先要见过许许多多事物表面上的色泽，继而把这个和其他色彩不一样的颜色命名为"红"，确认"这个苹果"的颜色是方才命名的颜色，我们才能说"这个苹果是红的"。对象域亦如是，我们发现许许多多东西身上都具有相同的或相似的某些属性，于是我们把这些属性单拿出来，另起一个名字，并将那些身上拥有这些属性的东西都归入到它名下。于是这些属性的集合，成了另一个独立的概念，像事物一样可以被我们单独讨论。比方说，恒星、行星、彗星、流星体都可以被叫作"天体"，而这些天体，又都可以再被归入另一个更大的集合——"宇宙"。毋宁说，对象域是我们抽象思维、归纳思维的构造物。

　　也就是说，"实存"并不是天然地就以我们所知道的、所认识的模样与我们共在，而是我们先用我们的方式去赋予某样东西一个定义、一种意义，那些事物、事物与事物之间的关系、事物共居的集合，才以概念的方式在我们所见所知的"世界"里落户。所以，加布里埃尔又说：实存只能在意义中显现，脱离意义域我们无法讨论事物是否实存，而意义域又显然是由人建构出来的。意义域的不同，会导致我们所理解的"世界"也不尽相同。

　　影片《上帝也疯狂》给我们提供了一个鲜明的例子：在生活在大都市的现代人眼里，"可乐瓶"就是一个用玻璃制成的瓶子，是一个用来装可乐的容器——"用来装可乐"是它存在的意义，"容器"是它所归属的集合，"瓶子"是我们给这个类型的事物所起的名字，它不过是工业的制造物，只要人类愿意，只要原材料充足，人类想制造多少就能有多少。可是在布希族人眼里就完全不一样了，它是劳动工具，可以用来磨蛇皮；它是吹奏乐器，把它放到嘴边可以吹出美妙的乐章；它晶莹剔透又精美绝伦，简直就是上帝赐予人间的礼物，值得被奉为圣物。

　　南方地区下雪的次数屈指可数，每每看到雪，我们或许会说"白雪皑皑""白茫茫一片大地真干净"；而在常与冰雪相伴的地区，如广袤而极寒的北极圈地带，居住在那里的因纽特人则可以体察到不同状态的雪之间的细微差别，因此他们可以用不同的字根和合成词来形容或描述他们所看到的各种不同状貌的雪。你看，世界是什么，并不是我说它是什么，它就真的是什么；也不是你说它是什么，它就真的是什么。我们最多只能说"从我的视角出发，世界看起来是什么"。这也就是为什么，康德会说"物自体世界不可知"，维特根斯坦会得出"我的语言是我的世界的边界"这一结论。一切构成我们生活环境总体的存在物，都不是天然作为"某种存在物"而存在的，我们总要根据物与我的关系将其修辞为"对我具有某种意义"的某种存在物，它们才能以如此这般形式被我们所认识。

　　问题又来了。前面我们说，我们对万事万物的关注点、我们为万事万物所下的定义，都会影响我们所看到的世界。但是从后面这两个例子来看，又似乎是瓶子给我们带来的问题，导致了人们对它的态度转变，似乎是在雪地里迅速辨明地形与方向这一现实需要，导致了因纽特人对雪的认识和我们不同。那么，到底是我们所建构的意义域决定了我们如何判断"世界是什么"，还是我们和世界的关系、世界对我们影响，决定了我们如何判断"世界是什么"呢？要回答这个问题，我们就不能把自己当成独立于世界的外人，把世界当成坐在我们对面的认识对象，而是必须把自己放回到世界中。

二　世界—我—世界

在《存在与时间》里，海德格尔总结了有关"世界"的四种理解途径：一是"现有者的总和"，这种理解认为，把所有的存在者加起来，就可以得到一个"世界"；二是"现有者的存在区域"，各种各样的存在者都居住在同一个地方，这个地方就称为"世界"；三是"周遭世界"，也就是我们平常所生活的场域，不仅仅包括实体意义上的生活空间，还包括作为整体生活方式的文化，我们用以认识世界的符号与框架，以及我们赖以活动的社会历史网络；四是"世界性"，即每个特殊的、具体的"世界"身上都携带着的整体结构，我们平常所说的文化世界、内心世界乃至网络世界，都是因为具有了"世界性"的整体结构，所以我们才将它们冠上"世界"的称号。这些"世界"都是作为某一个意义域而存在的，具体事物的意义是在一个相互作用、影响和派生的意义参照总体中构成的，这个意义参照总体就是"世界性"。

仅仅把"世界"理解为各种事物的简单相加，或理解为各种事物所聚集的场所，显然不能给我们提供一个清晰的"世界"概念，因为其中有些所谓的事物，是我们人类自己根据生活经验、根据实际需要组装出来、衍生出来的，事物的数目是不明确的，哪些事物可以被纳入世界中也是不明确的。例如"因果关系""聚宝盆""超能力"，这些东西我们很难说它们能否算是世界的一员，即使要说，也只能说在某种标准下或者在某种意义上，它们以某种形式在世界上存在着。

要回答"世界是什么"的问题，我们就不能不先明确一点：我们所说的"世界"只能是处在与人的关系中的世界，而不是独立于人之外的世界。人只能在与世界的交互关系中认识世界，而不可能跳出三界来旁观世界。

那么，在日常生活中，人是如何与世界发生关系的？我们还是借助可乐瓶来透视这个难题：假设我是布希族的一员，我从基手中接过了这个可乐瓶，我决定用它来制造一把椅子，给椅子钉上钉子。现在瓶子在我手中，我既以瓶子为中介，通过瓶子和钉子以及椅子发生关系，又和锤子连成一个整体，一起对钉子施加压力，完成我的工作。这个时候，我不会去观察这个瓶子长什么样，它是一个工具，而不是我们的认识对象，除非这个瓶子突然间不好使了，或者出奇地好使，我才会去看它到底怎么回事。

在我试图去分析这个瓶子、理解这个瓶子之前，我已经隐隐约约地感觉到了它的不对劲："它今天怎么这么不顺手？"当然也可能是"它用起来怎么这么顺手"。正是这个还没有被明说的、处于暧昧状态中的"不对劲"，提醒了我去查看它到底哪里不对劲。于是我揣摩它、研究它，发展出一整套理论来分析它，这时候它不再和我连成一个整体，它站到了我的"对面"，从而成为我的认识对象。

现在我知道它问题出在哪里了，于是我改造它，或者修正我自己的使用方式，让它跟我的手更加契合，用起来更加上手。经过改造和磨合后瓶子更好用了，因此我的工作效率大幅度地提高了，于是我可以去钉更多的钉子，我可以更快地造好椅子。不仅如此，由于效率提高了，我现在还可以腾出更多的时间来造桌子。你看，只是因为瓶子传递给了我一个"不顺手"的信号，我不仅改造了它、改造了我和它之间的关系，我还顺势改造了我所生活的环境。

这就是我和世界之间的关系，我去认识世界，不是去认识一个向来如此、岿然不动的世界，而是去认识一个我在它之中、与我息息相关的世界。瓶子、钉子、椅子和其他各种各样的事物和我一起构成了一个"指引整体"，也就是生活世界。在我还没有认识这个世界之前，我就已经在和它打交道了，我在和它相处的过程中产生了某种感觉。为了弄清楚这种感觉从何而来，我把它从作为"背景板"的环境整体中拎出来，放到我的对面，用各种思维工具、理论工具、逻辑工具去拆解它，直到我弄明白这种感觉是什么及为什么会有这种感觉，我就可以去处理造成这种感觉产生的原因了，于是世界又变成了我的实践对象、活动对象、改造对象，而不仅仅是我的实践空间。但最后，我还是要回到这个被我改造过的世界里继续生活——像水珠回到水里，浪花回到海里。一开始，我居于世界里，我是世界的一分子，世界是我的生活场景，紧接着世界与我相对而坐，它是我的认识对象，再接着，世界从我手中而出，我改变了它的模样，绘制出了它的未来，它是我的活动产物，而之后我重新沉入它庞大的身体内，再度成为它的一分子。

诚然，我们的语言系统、思考框架、文化范式，都会影响我们对"世界是什么"的回答，但是我们和世界的相交往来却直接决定我们会建构成什么样的语言系统、发展出什么样的知识体系，进而决定我们如何把握世界、改造世界以及如何在世生存。因此，世界既不仅仅是实存的集合体，也不仅仅是话语的构造物，而是存在者的生存所在，也是存在者的筹划对象。由于存在者的实践介入，世界时时刻刻都在发生着改变。相应地，人对世界的感知也在时时刻刻发生着变化，与世界的交往方式也总是需要获得相应的改变。

想想布希族人对待可乐瓶的态度的前后转变：一开始，人们将其视为上帝的赏赐，可以用于劳作，可以用来娱乐，几乎无所不能，人们用它改善了自己的劳动条件，享用它给部落带来的诸多乐趣。可渐渐地，人们都不希望和别人分享这件好东西，自私和贪婪第一次出现在这个和平美好的部落中，争吵和打斗由此而生，这个时候它又被视为了"不祥之物"，人们巴不得赶紧把它扔出去。瓶子和人们的关系一旦发生转变，人们对瓶子的认识也会发生转变。不仅如此，就连人们的生活世界也会被改变。由此可见，世界在和我的交往关系中改造着我的认知，而我也在和世界的交互关系中改造着世界。

三 白人的他者：作为猎奇对象的世界

作为一部经典的喜剧片，《上帝也疯狂》的喜剧效果，很大部分来自布希族生活的不可思议性，大量的镜头语言和桥段设计，都在试图把布希族刻画成狭隘、无知、信息封闭、思想落后的族群。与之相反，电影中的白人们，个个英勇神武、知识渊博，会利用科学理论去剖析世界——凯特正直善良且美丽，是一位有独立思想的女记者，她关心民生疾苦，愿意为贫穷地区献出自己的教育热心；斯特恩真诚淳朴而勇敢，是一位动物学博士，为了科研事业来到了贫穷山区，他们集善与智于一身，与布希族人形成鲜明对照。二元对峙的叙事模式，或许正折射出了剧作者潜意识里的种族优越感。

后殖民主义学者提醒我们注意，来自第一世界的西方国家用一套二元对立的修辞话语体系把世界切割成两块：西方是文明的、富庶的、智慧的"宗主国"，与之对应的"非西方"第三世界是野蛮的、荒芜的、愚蠢的"殖民地"。在他们眼里，未经开化的殖民地是没有历史的，世界历史就是西方历史。也正因此，第一世界错误地以为，他们有义务去"教化"第三世界，"引领"第三世界进入世界文明史。

在电影中，基在归还瓶子的路途中偶遇了一只羊，在其观念中这只羊并不带有私有财产属性，仅仅是可以作为食物的自然物，是上帝赐予人类的共有财产，全体人类都可以享用。于是，基捕杀了这只羊，结果他遭到法庭逮捕。在审判过程中，基试图据理力争，尝试使法官了解他们的文化和观念。可白人翻译却认为基简直不可理喻，拒绝向法官转达基的原话。最终，基"非法捕杀"的罪名成立，他只好按照白人的法律接受处罚。在这个情节里，基

[美] 爱德华·希克斯《哥伦布登陆》
意大利航海家哥伦布的远航探险,使西方殖民主义者发现了"新大陆"

作为"非白人族类",完全丧失了自我表达的权利,只能无奈地任人摆布。

今天的殖民者主要靠的已经不只是土地掠夺,而是精神文化、行为规范、历史观念、组织管理模式的输出。第一世界赋予自己的话语和理念以合法性和进步性,用潜移默化的方式,让你觉得"这么想才是进步的""这么想才是科学的""这么想才是合理的"……久而久之,你就会不自觉地按照它那套观念价值体系来赋予事物意义,按照他们那套文化系统来看待这个世界。他们不再需要去直接管理第三世界,他们只需要驯化当地人的"眼睛",使第三世界人民所看到的"世界"和他们所勾勒的"世界"相一致,第三世界人民自然就会根据他们所看到的"世界"来改造符合第一世界期待的政治经济环境。如今这样的隐性暴力并不仅仅存在于东西方之间、存在于国与国之间，也存在于人与人之间。假如你不遵奉他们的价值观、审美观、道德观，那么落后愚昧的一定就是你，而这何尝不是一种霸权主义呢！

拓 展 阅 读

1. [法]路易·阿尔都塞：《论再生产》，吴子枫译，西北大学出版社，2019年。

2. [德]尼采：《古修辞讲稿》，屠友祥译，华东师范大学出版社，2018年。

3. [美]爱德华·W.萨义德：《文化与帝国主义》，李琨译，生活·读书·新知三联书店，2016年。

4. [美]麦克尔·哈特、[意]安东尼奥·奈格里：《帝国——全球化的政治秩序》，杨建国、范一亭译，江苏人民出版社，2005年。

5. [德]海德格尔：《存在与时间》，陈嘉映、王庆节译，商务印书馆，2015年。

思 考 探 究

1. 你是否对别人眼中的"世界"感到震惊或无法理解？请与大家谈谈这样的时刻。

2. 你的"世界"是否发生过改变？因为什么而发生改变？

3. 请结合"世界—我—世界"一节，谈谈你对马克思"人创造环境，同时，环境也创造人"这句话的理解。

4. 纪录片《世界历史》的开头有这样一句话："埃奥拉约部落与20世纪的世界不期而遇。这是两个世界的一次偶遇，双方因人类的共性而相连，却又被历史割裂——割裂他们的是数千年的文明。"结合上文，谈谈你对这句话的理解。

第 **4** 讲

真假的辨析

——文艺作品中的"虚实"追问

　　《黑客帝国》三部曲拍摄于20世纪90年代末至21世纪初。影片中的故事发生在人工智能技术高度发达的22世纪里，计算机建构了一个庞大的幻境系统，并由这个系统幻化出22世纪末人类生活场景。在这一基本背景下，如墨菲斯等未被系统奴役的人类，企图扮演黑客进入"母体"系统，打破虚拟的遮蔽与控制，最终拯救人类。

　　计算机可以通过编码为我们架构出一个虚假的世界，这样的剧情构思，不免将我们带回到了"缸中之脑"[1]之问：我们的感知思想、所见所闻的一切，会不会也是被设置出来的？我们所遭遇的一切都是真实的吗？

　　那么，我们所说的"真实"到底是什么？它是否存在？如果存在，它是

1　"缸中之脑"是20世纪80年代美国哲学家普特南提出的思想实验。该实验假想科学家将人类大脑放进培养缸里，并用计算机向其输入感觉信号，从而使大脑保持正常的思想体验。

作为什么而存在？它如何存在？这些问题接踵而至。

一　视差之见的"真实"

场景一：在某网传视频中，一女子从某居民楼上朝楼下一男子大喊："家里没人，你快上来！"大标题显示："男女同伙光天化日入室行窃！"几日后完整版视频在网上流出显示：该男子是一名货运司机，他帮该女子运送一台洗衣机回家，由于洗衣机体积过大，女子一人无法将其背上楼，于是她才请男子帮忙："如果我先生在家，我就叫他下来搬。如果他不在家，那你就帮我搬上来！"这才出现了剪辑视频里的那一幕。——你要说视频内容"不真实"，可是视频的事情实实在在发生过的，该女子确确实实说过那样的话。可你要说它"真实"，事又不是那么个事。这涉及"真实性"所涵盖的几个层次：现象真实与本质真实、细节真实与总体真实……该视频中女子所说的这句话作为细节事实确实发生过，但就其前因后果和整体语境来看，该剪辑所呈现的事实之间的相互关联和事情的整体情况却是失真的。

场景二：一则新闻"大象来农家蹭饭"，这看似没有什么问题，甚至让人觉得有趣，但对比另一则新闻"野猪毁坏庄稼"我们就会发现：大象和野猪明明做了同样的事情，但是由于大象和野猪的"地位"不同，人们对它们的态度也就不同，对它们所做事的反应也就不同。像这种时候，你要说"大象到农家蹭饭"是真实的，还是说"大象毁坏庄稼"才是真实的呢？

场景三：史料上对同一事件采用了三种表述，第一种称"张某指导姚某某"，第二种称"张某指使姚某某"，第三种称"张某教唆姚某某"。三种陈述指向的是同一事情，但是由于所使用的谓语动词不同，事态的性质也就不同：用"指导"一词，听上去给人的感觉就是，江某给姚某某提供意见和帮助，让他得以做成了某件好事；用"指使"一词，听上去事情就变成了江某命令姚某某去干一件不那么好的事；用"教唆"一词，给人的感觉就又不一样了，像是在说江某用某种诡辩术一步一步诱导姚某某去干某件坏事。对主导者的偏向又是不一样的：用"指导"，听上去就应该是姚某某自己想做成一件什么事，江某只是从旁协助而已；但用"教唆"和"指使"，就变成了是江某自己想做某件事情，但又不想自己动手，便假借于姚某某之手。三种表述，在大体上趋于一致，江某提供理论支持和战略方案，姚某某负责具体执行，两个人都有份参与；但从细节上讲，两个人孰主孰次、以什么方式参与、所为之事是善是恶，三种表述则略有不同。那么，在大体上符合事实、在细节上略有出入的表述，能被认为是"真实"的吗？

总体来说，"真实"是复杂的，判定一个事情是否"真实"，需要对多方面、多层次的辨析，不仅要兼顾宏观情况和微观事态，还要考虑到视角与立场等主观因素。应当说，我们所言的"真实"总是被"主观化"的"真实"，是被人的视差"框选"出来的"真实"。

二 被建构的"真实"与作为理想的"真实"

"真实"不是简单站立在我们面前的，而是在人与世界交互作用之间被逐渐确定下来的。不存在——至少在我们可知的范围内不存在——未经"污染"的"原初真实"，也没有能被人完全掌握的"绝对真实"；"真实"本就是靠虚化一些东西才得以出场的。面对一个事物或一个事件，我们首先要将它的某些部分虚化为背景，把它的另一些部分前置为焦点，如此它才可以作为一个可辨识的事物或事件从而被我们把握。这个过程既是对在场者的揭示与澄明，又是对它们的遮蔽。或者悖论而言，我们用遮蔽的方式来对其进行解蔽。

每一个事物或事件，作为单个的存在者，看起来是最真实的，但实际上它们都不是作为自己而在场，而是内在地意蕴了其他不在场的东西、作为各种意义相互交织的网络而在场。例如我和一个人打交道，我不是单纯地在跟这个人打交道，而是在跟他的身份、地位、职业打交道，我喊一声"老师好"

或"老总好"，我不仅仅是在跟作为"老师"或"老总"的这个自然人打招呼，这声招呼里内蕴着他们相对于我而言的身份和地位、我和他们之间的传授关系或雇佣关系、我和他们所共在的背景环境——这些东西并不直接悬挂在或反映在这个自然人身上，但正是经由这些不在场的东西，我才能确定：他们对于我而言是谁，我和他们是什么关系，我应该如何跟他们打交道。再比如，一只"壶"本身并不能直接作为壶而存在，它只有在投入实际使用时、在和其他事物发生联系时，它才能获得自己的规定性，成为"名副其实"的壶：从现实用途的角度看，壶拥有吸收、容纳、倾倒的功能，这使其可以存储和泻出液体。更进一步，壶还有它的象征功能，有它被诗化了的意义，例如我们说的"壶中天地""一壶浊酒"，壶在这里承载了一种江湖缥缈、南山篱下的生活态度。正因此，海德格尔才说这些个体存在物"集合了地与天、神与人，保存着天、地、神、人的四重实在性，并从而使四者进入自身，就此使世界成为四者的合一体"。每一个存在者来到这世上，都与他者有着千丝万缕的关系。原子的东西并不能自身作为真实的存在而在，它们是在许许多多复合物彼此交融而成的溶液中凝聚而成的结晶。我们判断一个东西或一个命题真实或不真实，从来不是就这个事物本身来断言的，而是根据它们和我们之间的关系、它们对于我们所具有的意义和价值来判定的。因此，我们拥有的真实，只可能是打了引号的"真实"，是存在于想象、符号、象征中的"真实"。

哲学家阿尔都塞指出，"个体与其实际生存状况的关系是一种想象关系"，意识形态以想象的形式表述了他们的生存条件。我们是先对我们的生存境遇有一个总体想象，这个总体想象才在我们认知中颠倒为"周遭世界"。换句话说，我们对我们日常所生活的世界的认识，其实是根据我们对生活条件和生活环境的想象总体而建构起来的。我们所言说的"世界"，其实就是我们意识所能统摄到的种种生存条件与生存境遇及其之间相互关系的总和。

《在通向语言的途中》书影

海德格尔认为：语言是存在之家，人
居住在语言中

一切对现实的把握都是能指链[1]的创
建：面对世界自身的感性杂多，人们通
过修辞将其言说为某个可领会的世界模
型，将其引入一连串的能指链中，使其
可被指称并获得意义。人所把握的世界
是经由无数个述谓关系的联动从而在句
法结构中得到统一，而后才作为整体出
场的。正如尼采所说，不是事物移入意
识，而是我们看待事物之际，以似真性、
说服性的方式，将之移入意识。本雅明
也说，人类通过语言存在，即为事物命
名，使事物获得其特定的语言存在，而
在语言中存在着的事物乃是它自身的精
神存在。

　　人对物的修辞取决于物之于人的位置关系。人把物修辞为什么样，其
实只是在修辞物与我的关系是什么样的。人并不也不能直接修辞物的性质，
而是修辞物与我的关系，并赋予这段关系一个能指。在《黑客帝国》中，"母
体"绝不是个完全不真实的虚构界——"母体"并非凭空存在，它有其物质
性内核：它必须经由机器、程序、代码的运作才能够存在，也就是说，它
需要经过一套符号机制和底层架构才能够维持自身的运作，这些符号机制

1　能指，语言学家索绪尔用语，"能指"与"所指"相对应。"能指"是用于表述意义的语意的音响形象，
　　"所指"是语言符号实际所要传达的意义。比方说，"缸（gāng）"这一音节是一个能指，"某
　　个能盛放东西的器皿"就是它的所指。"能指"是"所指"的载体、表征形式。"所指"是"能指"
　　的内涵、指涉对象。但是，"所指"无法脱离"能指"独自出场，好比这一段解释"能指"的文字，
　　看上去这段话是"能指"的意涵、内容、意指对象，但实际上，这段话仍然动用了一堆其他名词
　　（语言符号、音响形象、意义载体……）来对其进行说明，因此说我们只能在能指串成的链条里、
　　能指形成的矩阵里理解能指。

和底层架构作为人类活动的结果，具有直接的现实性。"母体"的运作方式是我们日常的生活世界运作方式的一种隐喻式转述，将机器、程序和代码对应到我们的生活世界里分别是：背景场景，是先于个体的人存在的实体环境，包括各种人际关系网络和生存条件之总和；象征秩序，即由社会历史建构起来的文明网络；语言，人居住在其间并经此理解世界以及与他者打交道时所用的整套符号意义系统。我们生来就已经处在一个"大身体"之中了，这个社会就像一架大机器，我们每个人都是内在地推动这架机器运转的一个部件，而我们被抛入世间，总必须遵循某些社会规范、某些文化准则，这些规范和准则告诉我们什么该做什么不该做，我们根据这些规范行事，从而推动这架大机器运行；而语言则帮助我们对生存过程中所遇到的人、事、物进行标记，好让我们知道眼前所见是什么、有何意义、该如何处之。简而言之，我们日常生活的世界实际上就已经是一个被背景场景、象征秩序和语言共同组成的先验架构框选出来的现象世界，"母体"正是这样一个世界——"象征界"。可以说，哪怕没有计算机的篡权夺位，我们人也本身就居住在一个"母体"当中。母体世界恰恰是我们日常语境里的所谓"真实"，人不可能超出语言去认识所谓的纯粹世界。

　　相反，影片中人类最后的城市锡安恰恰在我们的日常语境里不占有"真实"地位，它占有的是"不可知"，它只是荒芜的"实在界"，而"实在界"事实上又只是"象征界"的剩余[1]——永远有尚未被象征化的东西，或无法被象征化的东西存在。人永远对自己已知的现实有不满，觉得世界肯定还不只是我们看上去的这样，应当还有其他可能；就像我们总觉得媒体通过

1　"实在界""象征界"：法国哲学家拉康用语，与"想象界"并称"拉康三界"。简单地说，当人可以通过知觉和想象理解自身与世界的关系时，便说他进入了"想象界"；当人内化了社会准则和规范，并通过公共性而非个体性的框架来与世界打交道时，便说他进入了"象征界"；而"实在界"并不是指我们居住的现实社会，而是"象征界尽头尚未处理的符号债务"，其中"符号债务"是指不能被人类语言所描述所表达的那一部分，未能被符号化、象征化的那一部分，未能被赋予意义并被整合入我们的意识里的那一部分。

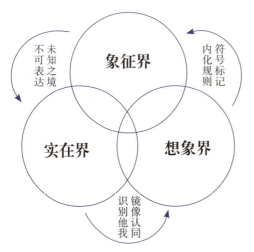

"拉康三界"：镜像认同之想象界、规则构成之象征界、不可抵达之实在界

议程设置给我们打造了许许多多的信息茧房，我们总觉得真实的世界肯定不只是茧房里能看到的那些景观那么简单，这种不满足推动着我们去探寻已知之外的未知。应当说，锡安是存在于我们理想中的"真实"。

既然"真实"只是我们用象征符号建构出来的产物，未被人标注上记号，所谓绝对真实的"原初世界"永远不可能映入我们眼帘，那么对"真实"的渴望和追求是否仍是必要的？答案是肯定的：因为真实不是一种状态，而是一个过程，正是由于我们对"真实"的建构性的自知、由于我们对理想"真实"的渴望，我们才不断地对已知进行否定与解蔽，去寻找"真实"的更多可能性。

三 真实不是现成状态，而是历史过程

从"母体"到锡安，再到超越"母体"与锡安，尼奥走过的这段心路历程，既是人类从认识世界到反思自我的历史的一个缩影，又映射着哲学史上的几次认识论转向。

在原始社会，自然的威胁与馈赠共同为人类布置出了一个生活空间，为了维持生存，人们不得不从混沌中睁开眼，认认真真地端详这个世界。人们囫囵地将从外部世界那里获得的知识连壳吞下，无暇去验证这些知识的可靠性。但随着知识存量的增加，芜杂的知识之间开始呈现出对立与矛盾，现实

世界的变化，也使得知识与现实不再吻合。人们不禁疑惑：我们的认识是否符合客观事实？又如何能够符合客观事实？

在困顿中，人们逐渐明白：我们的经验、立场、习惯、思维方式都会影响我们对客观现实的认识，采取不同的认知范式就会得到不同的世界图像。既然世界的真相在每个人那里都可能呈现为不同的模样，那么世界的统一性又如何可能，人与人之间又如何能够无障碍交流？

从一连串的疑问中穿梭出来，人们终于意识到：真实的世界，或世界的真实模样，不全然就是我们所看到的那个样子，是我们将认知模型抛入到世界之中，使它将一个容器一样舀起世界的一部分，我们所看到的"真实世界"只是容器盛着的那部分，它的形状也只是这个容器的形状。但是人们在共同生活与相互交往中彼此交换着各自的视角，在协商与博弈中对"真实"达成了最低限度的共识，并因此得以共享一个世界。世界的改变不断修正"真实"的边界，一方面我们根据我们认定的"真实"去与世界打交道，通过我们的活动让社会现实换上新的模样；另一方面社会现实也随着历史的变迁不断发生变化，我们头脑里原本认定是"真实"的东西随之变成了"虚构"，就在由实而虚、自虚而实之间，天地翻了新篇，人类认知的地平线也不断后移。

在西方哲学史上，对"真实"的界定也曾经历过几次重大的转向。在早期希腊哲学时期，哲学家们向世界追问的终极问题是：世界的始基是什么？世界是怎么运转的？那时候，"真实与否"不是一个问题，哲学家们断言什么，什么就被他们视为"真实"。可是，随着哲学问题意识的不断拓展，哲学家们突然意识到：被认为是"真实"的东西太多了，不仅多，而且大多数彼此矛盾，似乎每一个人都能从自己的立场出发，指认自己所认为的"真实"。于是困扰了哲学认识论的两大难题必然会出现：第一，普世承认的真实是否存在？如存在，人是否能认识它？如能认识，人又是怎么认识的？第二，到底是感官经验得来的知识更具真实性，还是理性分析得来的知识更具真实性?

巴门尼德率先区分了"真理之路"和"意见之路",对可感生活的认识都是虚假的,只是"意见",只有对隐藏在日常生活背后的抽象世界的认识才是真实的,才是"真理"。这一观念被柏拉图所延续:柏拉图区分了表象世界与理念世界,表象世界充斥着幻象,理念世界才是真实的存在。亚里士多德则恰恰相反,他把现实个体可触及的存在视为真实存在的第一实体,把其所从属的种属视为实在性较少的第二实体。柏拉图和亚里士多德的意见相左,到中古时期演化为奥古斯丁主义和阿威罗伊主义的分歧,再后来就衍生出了实在论和唯名论的对立:前者认定只有理念才具有充分的存在和实在,个别的东西是没有充分的实在和存在的,后者则否认共相具有客观实在性,认为共相后于事物,只有个别的感性事物才是真实的存在。

近代哲学把注意力收归于作为主体的人身上,于是,信仰所朝向的超验世界和理性面对的现实世界哪个更真实的问题就缩小为人的理性和感性哪个得来的知识更真实的问题。康德来了个哥白尼革命式的"认识论颠倒":不是我们的认识要符合世界才能确保其真实,而是世界要符合我们的先验认知形式才能被我们所认识,至于遗留在我们之外的那个"物自体"世界是不可知的,因此,我们的认识不可能"绝对真实",它总是与所谓的"真实世界"有壁垒。黑格尔则庆幸我们的认识与真实世界存在差异,正是在似真非真的徘徊之间,人才得以对世界有所作为,世界由此才能沾染上人的印记并滚滚向前——也就是说,"真实"不是一种现成的状态,而是一个历史过程——且不说,人的认识不可能完全为真,随着现实的变更,人的认识也可能由真到不真。可当人的认识失真后,人就会寻求各种办法调整它,正是在真与失真之间,在相符与调整之间,人和世界运动着共生,人改变着世界,世界也改变着人。

在影片《黑客帝国》中,尼奥一开始生活在"母体"中甘之如饴,由于墨菲斯的出现,它才意识到"母体"只是一个被编程控制的虚假世界,锡安才是人类本该生存所在的真实世界。可是再到后来，他又意识到锡安是为了保障"母体"正常运转而刻意设置的装置。锡安是"母体"的反题，只有从自己内部设定冲突矛盾，"母体"才能保障自己避免熵增、维护自己的正常运行，以免内在固有矛盾导致自身崩溃。这也就是为什么企图用锡安来攻打"母体"是必然失败的，因为锡安本身就是"母体"历史化进程的一个环节，是"母体"自我进化的一个手段。

然而正是"锡安"与"母体"之间永恒存在裂隙，"解蔽"的永恒运转才是可能的——"日常真实"本身就是被"共享想象"所虚构的，人永远有对"剩余真实"的不懈追求，而"最高真实"是不存在的，所以对现实的解蔽永恒存在新的可能性。所谓"解蔽"，不是从现象中解救本质，而是对现存的不懈否定，对潜在之可能的不懈探寻。

真实，不是以被象征和代码武装的"母体"，也不是作为剩余物的"锡安"，而恰恰就是"母体"与"锡安"在矛盾中共生这个事实。正是在真真假假之间，世界在人的中介中不断"真实化"，人们总是渴望揭示社会运作的真实图景，也总是在不断探索中困惑、感悟着持续的遮蔽与解蔽，在这一过程中，人类推动着历史向前发展。

拓 展 阅 读

1. 赵淳：《齐泽克精神分析学文论》，中国社会科学院出版社，2018年。

2. 张一兵：《不可能的存在之真：拉康哲学映像》，上海人民出版社，2019年。

思 考 探 究

1. 既然"母体"就是我们经由象征塑造的日常生活本身，那么人类对"母体"的反抗，是否仍是有必要的？

2. 请查阅"法兰克福式案例"（Frankfurt-style cases）相关资料，谈谈你的想法。

3. 在影片《黑客帝国》中，"母体之父"告诉尼奥："有一个解决方案能让百分之九十九的人都接受母体，前提是给他们一个选择，即使他们只是隐约感觉到自己拥有选择权。"从现实生活的角度出发，你是如何理解这句话的？

第 5 讲

身体的语言

——文艺作品中的"身体"表达

　　1911 年 6 月 13 日，芭蕾舞剧《彼得鲁什卡》首演于巴黎夏特莱剧院。

　　"两腿向内翻转，双臂两肩向下垮坠，整个身体绷得像根琴弦，剧烈地颤抖"——这是该剧主人公彼得鲁什卡的人物剪影。僵硬的躯体、古怪的姿势，提线木偶一般，与古典芭蕾的柔美优雅明显不沾边。可他的塑造者尼金斯基却得到了该剧编舞者福金的高度赞扬："他善于掌握每一个手势和它的内在含义。"那么，"手势"与"含义"的内在关系是什么？几年后，尼金斯基自己创作了舞剧《牧神的午后》，福金对其大量采用侧面角度的浮雕式舞姿进行了肯定，却对其动作编排提出了尖锐的批评："舞台上有过哪些动作？只有步子、跑，从这个舞姿到那个舞姿，移动重心的转身、双臂和头的姿势的变化，以及一个跳。"他毫不留情面地称这部舞剧为"由一组舞姿冒充的舞蹈"。那么，为什么舞姿的联动不能算作舞蹈？如果舞蹈

《牧神的午后》的动作设计明显受到了
埃及人物壁画的影响

只是一连串姿势与动作的集合，那我们如何解释：为什么我们能在同样的姿势与动作中感受出完全不同的情绪？

同样是这部作品，法国雕塑家罗丹却对其赞不绝口，他称赞尼金斯基"用整个身体表达了他的灵魂想要表达的一切"。那么，身体为什么具有表达的功能？舞蹈只是舞者的自主表达吗？如果是，那我们又如何解释：为什么我们不经任何其他媒介，只依靠舞者的肢体表现就能外化出自己本有的激情？正如朗格所言：舞蹈，由一系列连续姿势展现出来的"力的世界"，不仅仅是可被感知的实体，更是能通过对我们的感官施以压力进而激发我们某种潜能的主体。而这种可被呈现又可被观看到的力，首先就是"我们最为直接的自我意识"。

我们通常将"ballet"直接译作"芭蕾"，该词源自晚期拉丁语"ballo"的动词形式"baller"，原意为"跳"。在最宽泛的意义上，"ballet"一词可以指涉所有"以人体动作和姿态表现戏剧故事内容或某种情绪心态的舞蹈演出"，亦即舞剧。从定义上来看，作为一种通过身体进行技术表达的形式，舞剧天生携带着三种基因：身体、戏剧和技术。"身体"使舞蹈区别于其他表现形式，使舞剧有别于其他剧种艺术——它不像歌剧一样用歌咏来表达，也不像话剧一样用台词来交流，其所言都藏在手之舞之和足之蹈之里。"戏剧"使舞蹈区别于杂耍，使之不仅是单纯地表现身体的极限，更具有可供谈论、能够传播的生动内涵。"技术"使舞蹈区别于哑剧，使之拥有了属于自己的一套表达方式和语言系统。结合西方芭蕾史，我们不难发现西方舞剧发轫于"身体"，在"戏剧"和"技术"两条主线上不断发展，继而逐渐完善成熟起来。

一　起源—萌芽：身体的自我觉知

在西方传统哲学谱系中，身体一直是以负面的、从属的角色出现。巴门尼德之后的古希腊哲学尤是以本质与现象之辩为主要论题——世界被一分为二：眼、耳、鼻、舌、身、意的现象界是虚妄的，它总是如此善变，令人捉摸不定；与之相反，隐匿在现象界之后的本质界则是澄明通透、一以贯之的。因此，对现象的认识只能算作意见，唯有对本质的认识才能称得上真理。本质只能依靠灵魂来认识，而身体作为一具肉体凡胎只能认识现象，于是灵魂与身体的论题攀附在本质与现象之辩的版图上并随之生长。理念世界是纯粹的、完满的、理想的，灵魂是属于那个世界的，它纯洁、完美、富有智慧。与之相对，可感世界是污浊的、不足的、缺憾的，身体只配在这个寓所留居。

但是古希腊人却从未放弃对身体美学的探寻，就连崇尚理念与灵魂、贬斥现实与肉身的柏拉图都提倡精神美和肉体美的协调，他曾说过"舞蹈会帮助人民养成高贵的协调和优雅的气派"。从诸多文献与雕塑作品中不难发现，雄健的体魄与结实的肌肉正是古希腊人追崇与称羡的。这一时

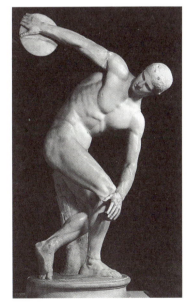

[希腊] 米隆《掷铁饼者》

期的舞蹈审美同样是围绕着身体的自然美、线条美与力量美建立起来的。实际上，这在古埃及、古阿拉伯乃至整个古代东方世界都可见一斑，在今天的东方舞中仍可窥见其遗风。

到了西方近代哲学，"身体与灵魂"的论题被搬到认识论中再作续写，"身体与心灵/思维"此时便构成另一组对子，与之相连的是认识的可靠来源问题——感觉经验抑或是天赋理性？从古代到近代，从本体论到认识论，身体一直以居间的姿态站立在世界与主体中间，毋宁说它是一个媒介，它使主体以物性的形式存立于世界之内，又让外界进入主体内部，成为主体内在所拥有的一部分——让主体进入世界强调身体的物性，让世界进入主体强调身体的灵性。近代机械论集中讨论身体的物体性，通常将身体看作一架机器，拉美特利被笛卡尔的"动物是机器"一语惊醒，提出了心灵受制于身体的观点。现代以来，哲学的注意力从意识逐渐转到身体上。梅洛-庞蒂从灵魂与肉身的裂隙中拯救出了一个"现象身体"，身体就是此在在世界上存在的方式，我们用身体知觉世界，并以己身活动的场域为现象场。肉身给予了此在准确的在场性，让存在者在此时此地、作为具体的"我"而在此存在——"我"不能既在那里又在这里，也不能既是这个又是那个。也就是说，肉身具有区隔作用，它的可观看性区分了此处与别处、自我与他人，这使得他人的身体可以成为一个独立的界面向我输送信息或被我解读信息。因此，舞蹈中的身体可以呈现如下一些界面。

（1）用于铭写的界面：编舞者把意图与情绪化为一串语句，通过舞者的肢体运动完成言说，但又远不止于此——作为基于三维设计的视觉艺术形式，舞蹈实际上表达的是各种协同关系，其中包括空间与舞者的物理关系、观者与舞者的视觉关系、舞者与舞者的平面关系、音乐与舞姿的配合关系等。这些按照一定规则变化的多边关系镌刻在身体上，并通过身体表达出来，身体由此成为一个具有复杂的拓扑性张力的界面。

（2）用于交换的界面：舞蹈中的身体是一个"市场"，观者在其中与其意向所指的对象完成交流。观众在观看舞蹈的时候很多情况下并不是与舞者进行交流，或者说，并不是直白地从舞者的肢体语言中读取信息，而是投射了一部分自我在舞者身上，借助舞者的身体表达宣泄自己的部分情感，或形象化自己的某些想象——这就是为什么即使在无剧情、无主题的先锋派舞蹈中，观众依然能产生某种感动的原因。

（3）用于观看的界面：在舞蹈中，被观看到的身体至少可以被拆分为六重，包括舞蹈动作中的物质材料（肌肉在有机体活动允许范围内运动）、有机的身体（神经系统控制下的有机体运动）、用姿态来表达的人（有意识有知觉的存在物所进行的表达）、具体的人（与观众真正产生物质性关系）、社会性的身体（被象征物与语言所修饰的社会实存）、仪式身体（被特定场合赋予象征意义的身体）。由于舞蹈所要表达的东西都以短句的方式被编码进了身体的运动里，那么舞者的身体在此时就成了一个屏幕，向观者播放由意象与情节所构成的影像。

作为界面的身体提醒了我们：在舞蹈中身体不总是身体自己，它总是扮演着别的东西，借他者传情表意。现实人格在舞蹈中消失不见，"取而代之的是创造出来的人格，一个表示身体、人性或超人性存在的舞蹈要素，正是它在自我表现"。舞蹈中的身体总是演出来的，即便舞蹈的立意只是表现身体的极限与美感，舞者也总是需要让自己扮演成具有某种性格或性情的身体。"演"是舞蹈的核心要义，沿着舞蹈史的脉络，我们会再次发现戏剧性和技术性正是舞剧发展的两条主线。

🔵 萌芽—形成：行走在世间的皆是角色

古希腊舞蹈艺术传入古罗马，经过当地居民的消化再造，一种新的艺术形式横空出世——拟剧。拟剧，一说哑剧，拉丁文写作"pantomim"，"panto"意为"一切"，"mim"译作"模仿"，二者合一，就是"用模拟再现一切"。

这种表演形式，往往是由同一演员更换面具模仿不同人物的各种动作，以此来塑造不同的人物性格，表现一定的故事情节。到了公元 1 世纪，"拟剧"成了一切戴面具表演故事的戏剧舞蹈形式。发展到这一时期，舞者不再只是扮演一个具有人格的纯粹身体，而必须对自己的身体进行陌生化处理，将自己幻化为别的人物与事物，从而以他者的身份出现在观众面前。

戏剧结构的初具雏形被一些史学家视作"真正的芭蕾"发轫的标志。14 至 15 世纪，文艺复兴时期，意大利席间歌舞盛行，这是一种综合性的表演形式，兼有朗诵、歌唱、演奏与舞蹈。其间的舞蹈又叫作"出场"（entrée），舞者通常饰演神话英雄与寓言人物，如奥林匹斯诸神，又如善恶荣辱、山川河泽、一年四季的象征人物等。得益于意大利和法兰西的宫廷联姻，席间歌舞传入法国境内并获得技术性与戏剧性的双重发展。1581 年，根据法国亨利三世王后露易丝的命令，由宫廷小提琴师博若耶编排出来庆祝诺阿耶茨侯爵婚礼的《王后的喜芭蕾》被称为"第一部真正的芭蕾"，理由正是该演出具有了戏剧结构的雏形。之所以被称为"喜芭蕾"，是为了表明喜剧和芭蕾已被有机地结合到一起。由此，芭蕾艺术开始从萌芽期向形成期迈进。"芭蕾"这一词，也从这个时期开始正式使用。

路易十四执政期，由于吕里、博尚和莫里哀的突出贡献，芭蕾从出场集锦向独立舞剧转型，不再是支离破碎的节目片段。吕里利用有节奏的诗歌朗诵作为旋律主线，

1581 年，巴黎小波旁宫《王后的喜芭蕾》，出自朱立人《西方芭蕾史纲·舞蹈卷》

将若干段舞蹈串连在一起，使之与剧情具有
一定联系。博尚把哑剧与舞蹈技巧紧密结合
在一起，莫里哀评价他的表演是"以舞步、
手势和动作解释一切"。可以说，向剧情的靠
拢与贴合是这一时期舞蹈发展的重要特征。

到了17世纪，芭蕾艺术在理论上取得了
重大进展。比尤尔神父于1688年出版的《对
古今舞剧的看法》指出：情节是"舞剧的灵
魂，它构成了基本的思想"。这些著论启发了
18世纪的舞蹈革新家诺维尔，他在其作品中
进行了"情节舞剧"试验，加强了全剧的戏
剧性，对人物性格进行了鲜明刻画。这一时

"情节芭蕾之父"让 – 乔治·诺
维尔（1727—1810）

期的舞蹈美学，将剧情视作舞剧的灵魂，反对"为舞蹈而舞蹈"。理解舞蹈
中的戏剧性，也是我们理解舞蹈的重要环节。

朗格强调舞蹈的基本幻象是一种虚幻的力，是由虚幻的姿势创造的力
量和作用的表现，对舞蹈的哲学分析必须将现实材料和虚幻因素分离开来，
控制舞蹈的是想象的感受而不是真实的情感状态。舞蹈所呈现的是被创造
出来的人格，而并非个人实际的喜悦或痛苦。观众从舞蹈中所获得的也不
是舞者的情绪状态，而是自己对自身情绪与情感状态的想象。比方说，在
观看一场充满悲伤的舞蹈时，作为观众的我们并不一定本身就处在悲伤的
状态中，但我们内在地拥有悲伤的潜能。当舞者在台上演绎悲伤时，我们
自己也会代入角色的状态里，通过想象让自己处在悲伤的情境下，从而与
角色产生共情——舞蹈不仅仅是被感知的客体，而更是施加作用、激发潜能
的主体。舞蹈对于观众，不是概念，而是知觉，舞者的肢体语言会在观众
那里引发一系列震荡，观众借由舞者的肢体语言外化出自己的联想、想象
与激情。在观看舞蹈时，观者把自身潜而不显的情绪寄托到舞者身上，并

任凭它在舞者的肢体动作中爆发。舞蹈通过戏拟出来的情感与状态在舞者与观众之间构筑出一个力场：在这个力场中，不仅舞者在演，观众也在演，不是观众去理解舞者的表演，而是一个角色去共情另一个角色。简而言之，舞蹈的戏剧性，实际上折射着舞蹈内在的社会性，正是由于这种社会性，舞蹈才是可理解的。

一个角色去跟另一个角色打交道，不仅仅是只存在于剧场之内的交流方式，更是社会生活的日常真相。比方说，我们在学校里见到老师叫一声"老师好"，我们并不是在跟隐藏在这一称谓之后的自然人打招呼，而是在问候负担这一称谓的那个社会角色。再比方说，我们打开电视收看娱乐节目，我们所看见的也是演员、歌手、主持人等社会角色，而不是一个卸掉身份外壳的纯粹人。事实上，在社会生活中，我们很难说存在着非角色性的"真空人"，无论什么情况下，我们都扮演着特定的角色，向他者表现出特定的人物性格与特性。戈夫曼在符号互动论的影响下提出了著名的"拟剧论"，该理论将社会视作一个大舞台，人们在不同情境下扮演不同角色，通过表演来展示自我并与他人进行互动，又通过互动来维持和建构自己的社会身份。角色不属于个体，也不是天生的，而是在社会互动中建构出来的，人们会考虑社会规范与他人期待以及具体情境，从而找到并演绎适合自己的形象，从而对自己进行印象管理。

舞蹈的表意活动像社会生活中的所有表达活动一样是受到社会历史建构的。社会建构理论指出，现实不是一成不变的，而是由个体在社会互动中建构出来的。舞蹈表意也并非固定，在不同时代和不同语境下编舞者的创造理念和创作手法也不尽相同。同一个人物，尤其是争议性较大的话题人物，在不同的社会思潮影响下，编舞者会侧重于表现他的不同侧面。同一个舞蹈动作，同一种舞蹈风格，放在不同的时代和不同的语境下，舞者和观众对其理解都是不一样的。共享的社会生活经验保证了舞蹈表意的可理解性。

舞蹈的表演与观看并不是依据同一现有的规则进行传播与接受活动，而

[法] 雷诺阿《红磨坊的舞会》，法国巴黎奥塞美术馆藏

是在互动中重新建构双方均可接受的规则与情境。因此，即便舞者和观众之间存在文化惯习差异，他们却仍能在表演与观看的过程中找到共同语言。舞者与观众就像在跳"规则的华尔兹"，编舞者们各自认定的规则各不相同，观看者心中潜藏的规则不尽相同，但二者却可以围绕着舞蹈作品相互错步、相互侧身，让彼此的规则按照"舞程线"来一场圆舞。这里的"舞程线"指的是共同的、先在的使得规则得以运转的语言系统，它的存在使得"规则的华尔兹"成为可能。海德格尔说"领会的先行结构总是充斥着人们的言谈"，我们日常所使用的语言先于我们而存在，本身已经填充满了各种"先入之见"，它是社会话语体系与习惯思维模式的架构物，"前理解"渗透着我们对具体事务的理解，语言规范着个体的言说。伽达默尔认为先行结构是我们绕不过去的历史性，前人的视野作为今人判断的基础深嵌在语言结构中。后期

维特根斯坦把语言系统类比作象棋游戏，认为意义是人为赋予的一个值，本身没有真理性，就好比"王后"可以用棋子表示，但也可以用石头表示，只要参与游戏的人共同认可就行。

　　语言行为是在日常生活中基于某些游戏规则而完成的一次性情境交往，这些规则彼此具有家族相似性，因而可以在使用中识别出彼此，并各自让步以适应对方。在舞蹈演出时，我们根据一些标志来识别彼此的规则：舞蹈语言发生的情境（舞蹈的整体语境限定着动作的走向），舞蹈语言内部的互文性（动作之间具有相互解释的作用），规范舞蹈语言的前理解（作为舞蹈动作含义取材来源地的象征网络）。规范语言的前理解是前两个标志得以起作用的基础，有了这种共享的前理解，观者才可能根据语境联想肢体语言的含义，才可能根据动作之间的关联判断行为的寓意。

芭蕾舞表演，视觉中国供图

三　形成—发展：在身体与戏剧中间的技术

在芭蕾艺术的形成阶段，不仅其戏剧性得到了空前的发展，技术性也得到了前所未有的提高。博尚采用花样芭蕾作为基础，利用几何图形、对称和正面队形编排舞蹈，他创造的复杂舞蹈技巧反映了古典主义审美理想。1661 年，皇家舞蹈院成立，该院院士们每月都会挑选收集到的舞蹈队形、花样和动作，按照宫廷审美规范将其分门别类并制定出古典芭蕾的主要原则。1701 年，费利耶《舞谱：舞蹈记录的艺术》在巴黎出版，这是第一本较为系统的舞蹈教科书。书中记录了由皇家舞蹈院制定的外开原则和五种脚位以及转、跳的各种变体，还用符号和线条标记了舞蹈过程。

对于舞蹈而言，技术是身体和戏剧之间的中介，身体正是通过技术性的表达来完成戏剧言说的，换句话说，身体是通过技术动作来演绎戏剧的。技术动作借姿势出场，或者说，作为技术表达的动作通过姿势而得以被观众看到和理解，从各种舞谱中不难发现对于技术的描述总是与姿势相关的。更进一步说，对技术的制定往往就是对姿势的规范。朗格指出姿势是舞蹈幻象借以制作和组织的基本抽象，思想、情感和意志通过舞蹈动作被符号化并寓于姿势之中。因此，理解姿势就成了理解舞蹈的另一个关键点。

如果我们把姿势理解为符号，那么首先要讨论的问题就是符号与含义的关系问题：作为符号的姿势，与其寓意是否具有固定关系？当舞者想要表达某种感情时是否能直接在动作库里挑选出相关的姿势，进而对其进行排列布局——像造句时对词汇进行排列组合一样——从而创造出一个舞蹈短句？作为身体语言的舞蹈姿势是否等同符号，或者说，舞蹈仅由前后相继的姿势符号串联而成吗？符号的非自然性也意味着姿势表意确定性的不可能，如果姿势表意具有固定性，那我们如何解释相同的舞姿放在不同的舞蹈片段里会让人产生不同的感受？

仅仅把舞蹈看作姿势的变换与接替不仅在理论上是不可能的，在审美上

[法] 埃德加·德加《舞台上的两个舞者》，英国考陶尔德美术馆藏

同样是不合适的。因此，"舞蹈是流动的雕塑"是一个不太恰当的类比，因为雕塑是再现性的造型艺术，而舞蹈是表现性的表演艺术，二者具有媒介上的根本异质性。姿势是内在于舞蹈生命的否定性因素，姿势只有在音乐旋律与舞者情绪间不断被推翻才能进入舞蹈或者说生成舞蹈。"舞蹈是流动的雕塑"，"流动的"是修饰语，去掉这一修饰语舞蹈直接被定论为"雕塑"，这一形容其实是把"雕塑"看成了"舞蹈"的实质，把舞蹈理解为一堆静态造型的叠加。事实上，真正构成

美国芭蕾舞剧院演出《睡美人》

舞蹈的并非姿势，而是被姿势包裹的动作，包括身韵、提沉、呼吸、节奏与力道的控制，这些才是使舞蹈具有美感的关键要素。姿势不是动作的停顿，而是动作的形式，在舞蹈中，动作总是具有姿势、讲究姿势的。比姿势更重要的是从一个姿势到另一个姿势中间的过渡、衔接、变换——甚至我们根本不该把"一个"这样的量词赋予姿势，因为在舞蹈中，姿势是一段影像，它在对先前舞姿进行补充与解释，同时又让之后的动作以可能性的形式包含其中。

应当说，雕塑的姿势是目的，它的姿势就是它最终要达到的状态，而舞蹈的姿势是手段，它的姿势是它的路径，舞蹈通过建立姿势—推翻姿势—重建姿势构造出某个意象、交代出某段内容。雕塑定居于同一姿势中，它因定型为某一姿势而成为它自己，而舞蹈并不将原型固定在某个姿势里，而是在各个姿势间游牧穿梭，不断地让自己从姿势中逃逸出来，从而实现自己。

《天鹅湖》,谢茜诺娃饰演奥杰塔
舞者不是把"天鹅"固定在某一姿
势中,而是用躯体动作模拟天鹅的
生命活动

"什么是姿势?"哲学家阿甘本认为姿势既不是手段,也不是目的,而是对纯粹手段性的展示,让人们看见手段本身,而从一切合目的性中解放出来。阿甘本认为舞者的姿势不仅仅是做出了什么身体动作,它更是两个动作之间的停歇,是固定、记忆并展示动作的装置,姿势是舞蹈得以发生的敞开之所。进一步说,姿势是生命的敞开之所,人是通过姿态而在世存在的。正如世界在此在的视域里获得了它的显现,生命亦通过姿势来显示其形式。我们常说"人要活得有姿态"就类似这个意思,我们通过代入某个社会角色,往自己身上装点某些文化符号,向他人传递自己的态度观点与立场,以此来显示"我"是一个什么样的人。

姿势是表现生命的,从这个意义上讲,姿势与装置是相对立的。当我们说一个人"活得没有姿态"的时候,其实是说这个人每天按部就班,没有自己的想法与激情,过得像行尸走肉。舞蹈作为非再现艺术,不容许任何装置化,它不被任何固定的语法限定。

与列津格尔让演员机械模仿天鹅的做法不同,伊凡诺夫创造了象征白天鹅的主导动作,只在个别处点缀上"天鹅"的特点,如舔舐羽毛,塑造出了神似而非形似的天鹅形象。

正是由于符号表意的非专一性、姿势表意的非装置性,打破规则与规范的现代舞蹈艺术才是可能的。美国现代主义舞蹈家汤米尼斯说:"现代舞不存在普遍的规律,每一个艺术家都在创造自己的法典。"现代编舞大师坎宁安创造出了"随机编舞法"，他认为音乐与舞蹈应当是两个各自独立的事件，因此他拒绝根据音乐来设计动作，他会在演出当晚挑选音乐，让舞者在没有任何准备的前提下表演。他甚至使用掷骰子、抛硬币等随机方法来创作舞蹈。此时与此地的任意细节都可以被坎宁安引入舞蹈设计中，他会根据舞台上舞者的数量及位置关系、观众席上出现的不同物品来对舞蹈进行随机编排。因此，在舞蹈世界里，规则不是单调重复的，而是被生命活力不断重塑和创造的。

身体意味着舞蹈的自然性，戏剧指涉着舞蹈的社会性，那么技术便展示着舞蹈的创造性。舞蹈技术作为与日常表达截然不同的另一种表达方式，是对社会互动规则的陌生化，使我们看到自我表达、社会交往和人际交流的另一种可能性。舞蹈可以看作社会活动的缩影，社会中的每个人既是自然的，又是社会的，同时更是具有创造性的。

拓 展 阅 读

1. 朱立人：《西方芭蕾史纲》，上海音乐出版社，2001 年。

2. 钱世锦：《芭蕾·音乐剧经典选读》，上海音乐出版社，2015 年。

3. 赵奎英：《语言、空间与艺术》，北京大学出版社，2018 年。

思 考 探 究

1. 结合本讲内容，请对舞蹈的身体表现进行评价和分析。

2. 有网友认为《只此青绿》能出圈是因为"青绿腰"动作难度高，请评析此观点。

3. 舞者不是把"天鹅"固定在某一姿势中，而是模拟天鹅的生命活动。请谈谈你的理解。

第 **6** 讲
声音的主题

——文艺作品中的"声音"思想

　　假如柏拉图听过《小星星变奏曲》，或许他会惊呼："是的，世界运行的秘密正是如此。"在变奏曲中，我们可以听到乐曲最初呈现的主题在多种多样的变化中反复重现，无论作曲家在和声、旋律、对位与节奏上如何花招百出，我们总能在不同乐章和不同小节中捕捉到那个熟悉的主旨。即便是莫扎特这样的天才也不免遭后人诟病为"无聊"，因他对于形式的运用实在是过于浑然天成，少了些出其不意的惊喜。这样的批评我们同样可以在后现代哲学对柏拉图主义的批判中找到——后现代哲学家们批评柏拉图建立了一个充满"偶像—复制品"的宇宙模型，让"理念"变成了萦绕着存在且挥之不去的梦魇。

　　同一个旋律材料经过和声、对位、节奏的不限次数的变化处理可以玩出无数种花样，这是变奏曲的趣味所在。在玩这种游戏上，莫扎特是佼佼者，不妨听听他的《小星星变奏曲》：乐曲由 13 个小节组成，包括 1 节主题和 12 节变奏。在主题的基础上，变奏 1 让左手演奏的部分保持不变，让右手所弹奏的部分被 16 分音符包裹。变奏 2 在高音部分加入了多重声部，使之从单音转变为和声。变奏 3 在变奏 1 的基础上把高音部分改成了三连音。变奏 4 在变奏 2 的基础上将低音部分改成了 16 分音符的快速音群。到了变奏 5，莫扎特不再在左右手、高低音上下功夫，而是转而从节奏上寻求变化……作家杨照在谈到这一作品时叹惋："莫扎特作为神童，有一部分是悲哀的，因为他对于形式运用非常娴熟。"

　　杨照这番话不一定可取，但他确实给我们提供了一个看待"原型与复制"的思路。与之形成鲜明对比的是斯特拉文斯基对贝多芬《大赋格》的评价："它是所有作品中最先锋的一部，而且他将永远先锋。"这个赋格的主题令无数音乐评论家们叹服："这个主题如同变色龙般，在作品中有它无数种变体，即便是变色龙也不能变这么多种颜色。"

理查德·阿特金森（Richard Atkinson）对贝多芬《大赋格》第二赋格中主题的三种变体所做的标注

把主题之变体与再现比作一条涌动的河流，站在左右两岸审视它，我们得到的理解竟是如此大相径庭：站在左岸，我们看到的是流水不腐，是主题的不断再现；站在右岸，我们看到的是涟漪层起，是变体的再三变异。对于音乐，更重要的，是主题的贯穿始终，还是变体的自我分裂？对于世界、对于存在，更为基础的是对规则的顺应与对主旨的呼应，还是在差异中的自我绵延、在已存的生命中创造新生？

一 主题复刻版：太一与再现的世界

存在论问题，即"存在者何以存在"是传统形而上学的题眼。有关世界终极源头的知识被视为绝对真理，人类对这一最终真理的探索道路，绵延出了形而上学的历史。应当说，形而上学的历史就是人类的"逐父史"，这个父亲有各种别名与代号：本源、存在、理念、实体、上帝、自我、绝对精神……形而上学体系就是人类寻找世界之父所留下的脚印奇观。

哲学家们给予了"大父亲"许多的称谓、描述、猜想，却未曾怀疑过："大父亲"真的存在吗？"大父亲"是单独存在的吗？换句话说，"逐父"的形而上学坚信一件事情：世界一定起于某个源头，且这个源头必定是独一的，从一生出了多，从多生出了更多。这一预设后来被视为形而上学的先天顽疾，德里达将其诊断为"逻各斯中心主义"。逻各斯中心主义信仰第一所指，亦即终极意义。人类文明的一切都是这一第一所指的回音，都是逻各斯父亲的仿制品。巴门尼德所构想的"两个世界"被柏拉图细致地刻画成庞大的理念论体系，世界与其来处被看作"原本"与"摹本"的关系。

只可惜，人类虽自诩自己与其他存在者为儿孙，其理论推断的逻辑却是"儿孙生父亲"式的——因为自己有，所以"大父亲"必定也有。因为自己没有，所以"大父亲"必定也没有：因为万事万物都有原因，所以必定有个终极原因，是所有原因的原因。因为万事万物都可以被归入一个更大的集合，所以必定有个最大的集合，是所有集合的集合。因为万事万物都有目的，所以必定有个最终的目的，是所有目的的目的……今天的人们很容易察觉其中的陷阱：有没有可能，"万事万物都有原因"只是因为人类自己有溯因的习惯，而非自然界中本身存在着因果？有没有可能，"万事万物都可以被归入更大的集合"只是因为人类自己有归纳总结的习惯，而非集合本身独立存在着？有没有可能，所谓的"大父亲"，只不过是我们对在场之物的最高概括与抽象，它只是思维习惯的产物而非自存之物？

对"寻父"的执念不仅在理论上是根基不稳的，在现实上同样是不太善良的。西方哲学史不乏以宇宙论和本体论贯彻伦理学与政治学的著述，以至高统摄低阶、以同一管理多元、以至善引领非全、以秩序掌管无序，这样的宇宙图式与本体观念在政治领域与伦理领域同样产生了连锁反应，或者说，它隐晦地为政治伦理上的不合理问题提供了合理性的证据，包括但不限于："少数特权人统治大多数人"被视为是合理的，因为宇宙本体与世界本源是以一御多的；"大众所认可的观念就一定是正确的"被视为是合理的，因为宇宙本体与世界本源是崇尚同一与秩序；"唯有在世俗世界的规则里取得优异成绩的人是强者"被视为是合理的，因为社会应当像世界一样只有一套规则且这套规则必定是不出错的……奴性、从众、慕强，就是这一思想病灶所引发的炎症。

在美学上，这种观念同样是令人讨厌的，它预设了一个绝对的崇高的美的标准，并认定它生来如此、不容置疑，继而根据这一标准将美感从令人仰止到不尽如人意划分成三六九等，使审美成为单一的而非多元的存在，将人们置于"审美窒息"的状态之下。

现代之后的哲学家终于对这套敬奉同一的秩序忍无可忍：凭什么世界的本源非得是一而不能是多？凭什么世界的模式非得是趋于同质而不能是差异林立？叔本华之"意志"、克尔凯郭尔之"情感意志"、尼采之"酒神精神"、柏格森之"直觉"，现代西方哲学家，像舍勒所言，用非理性的生命冲动"反叛逻各斯"。阿多诺批判那种"试图把世界限定在一个原则上的企图"是不真实的，对永恒真理的追求是"第一哲学的幻想"。阿尔都塞指出社会历史形态更替发展的动力源自社会结构系统中诸多要素之间的复杂矛盾关系，矛盾的不平衡性所规定的阶段性构成了事物发展的复杂过程，事物内部诸矛盾是构成复杂整体的局部结构，彼此之间相互制约、相互影响，但不能被还原为某种单一本质；这种观念区别于以往将一切复杂性追溯为某种简单本体结构的观点，切断了复杂矛盾与单一本质之间的必然联系。巴迪欧也把"多"看作最根本的，"多"不可被还原为"一"，"一"只是"多"被"计数为一"的操作结果，且作为计算结果的"一"总不能穷尽所有"多"，在其之外总有溢出。德里达企图通过对一切实体化和基础本质的质疑，从理论上消灭"超结构秩序"，把结构变成"永无终点的差异的能指游戏"。

德勒兹曾用古典主义音乐来说明其"辖域"理论，他将其与封闭结构和生物环境并置，称每一首古典主义曲子都是"由和声与对位和谐构成的环境"，音乐家擅长构建一个又一个由人为分离调控的环境。到了19世纪后期，德彪西和韦伯恩就已经不这么做了，他们放弃了把音响当作预先确立的框架所决定的元素，转而根据音响自身的特征来处理音响。增加音乐物料、打破调式规范、扩大声响来源、跨越媒体作曲……这是世纪之交的音乐界所打出的一套组合拳，它们以此来对所谓的原则、秩序、理性发起反攻。为呼应后现代哲学的多元论与时间观，我们在下文不采用编年纪传的书写方式，即不按照时间顺序对各个音乐思潮及作曲家进行排序，而是根据哲学理论与作曲思想之间的相关性进行排布。

🔵 二 半音变色龙：差异与多元的世界

19世纪末至20世纪，对于哲学界和艺术界乃至所有学科领域而言，都是一个反叛的时代。在科学领域，1905年爱因斯坦相对论的发表标志着那个存在于人们脑海中的稳定的、机械的、封闭的宇宙系统土崩瓦解，不一致性与不确定性被量子力学原理证明为物质世界的本质特征。在心理学领域，弗洛伊德提出了无意识控制意识的主张，强调了人性的非理性因素，动摇了理性在人性论里的中心地位。在美术领域，立体主义的再现方法横空出世，合理有序的三维空间被摈弃，客观事物被拆成许多构成部分并以几何平面的形式被重新组合为新的抽象构形。在文学领域，事件发展的逻辑顺序不再是唯一的书写方式，普鲁斯特运用"意识流"技法，根据记忆的任意顺序来展示内心所反思的时间。这意味着，"真"的概念在世界观、人性观、空间观和时间观上都得到了颠覆与重构，它不再意味着定居不变，也不再关涉理性，更不再是意识对客观状况的完整还原。它可以是连续突变，可以是非理性，可以是不同知觉的拼贴、闪现片段的接合。

20世纪的音乐界也发生了翻天覆地的变化，作为传统音乐的"堡垒"的调性被整个拿掉，节奏、音色、织体等音乐要素的功能作用被逐一重新定位。勋伯格的声乐套曲《空中花园之篇》被看作浪漫主义音乐让位于20世纪音乐的第一声号角，因为这是勋伯格第一部不用任何调性的作品，从此几世纪以来所奉行的调性原则被中断，欧洲音乐迈入一个新时代。为了解决调性缺失所带来的音乐逻辑性问题，十二音序列作曲法应时而出。在音高体系上，双调性、多调性、协和的无调性和微分音调性的创作手法齐头并进，丰富了音乐的写作方案。在节奏运动上，作曲家们通过对横向节拍的周期性反复的规避和对纵向节奏的同步性运动的回避，使得各声部节奏运动不再受统一模式的控制，这使得音乐作品产生了"无方向感"（对节奏的消解）和"多方向感"（通过交错与对抗形成的复合节奏运动）两种极端的节奏运动现象。在音响模式上，"点描音乐"捣毁了传统的织体组织方式，使得音乐的织体结构脱离了二层性的"旋律—伴奏"和三层性的"前景—中景—后景"范式，进而使音响成为音乐作品的结构性因素，分离性、一体化、单一极端音区、两极极端音区的音响模式次第出现。在创作理念上，新调性、新浪漫主

毕加索画作《挂在墙上的小提琴》
谁说真实只能表示客观事物的存在状
态，我们对客观事物局部的视觉和知
觉，何尝不也是一种真实？

马塞尔·普鲁斯特
他的小说《追忆似水年华》表明了一种哲学观，
他在追忆中进行反思：只有在线性时间内行进着
的事件才是真实存在的吗？我们记忆中那些随机
闪回、不时跳帧的画面，难道不也是另一种意义
上的真实存在？

义、新简单主义、拼贴音乐以及复风格音乐彼此和谐共存，建造出了多元齐
放、兼容并包的 20 世纪音乐奇观。在音乐观念上，作曲家们对音乐内涵进行
了重新审视，埃德加·瓦雷兹提出的"音乐就是组织起来的音响"和约翰·凯
奇的断论"我们所做的一切都是音乐"将音乐重新放入原始语境与生活情境
中，在最终极的意义上赋予了音乐崭新的定义。

音高关系的创新旨在"去中心化"，节奏运动的标新旨在"打破平衡"，
音响模式的革新旨在瓦解服从性的等级关系，创作理念的多样化旨在打破某
一审美取向一家独大的局面，音乐观念的再反思旨在推翻特权阶层对音乐的
定义霸权。这是对柏拉图主义统摄下，那个单一统摄杂多、层级服从中心、
秩序优于独特的同一世界的全盘清算——这是一个"否定"的时代。

在黑格尔那里，"否定"作为历史发展的核心环节，其重要性无论被提高到一个如何前所未有的高度，其终究都只是环节，最终仍要被"肯定性"所吞没。后世的哲学家如阿多诺等人均对此提出了异议：否定为什么一定要依附于肯定而不能有自己的独立性？他们认为，否定应该是不被任何肯定性吞噬的否定，不是肯定以否定为短亭走出了自己的长途，而是否定自己在不断否定中走出了自己的历史，肯定只是否定在某一时刻被目光锚定的暂时形态而已。

正如肯定性途径否定性从而导致自身的发展、历史解决自有的矛盾从而推动自身前进一样，在传统音乐里"不协和音"作为音乐里的否定因素，其最终归宿也总是被协和音所解决。可是勋伯格不这么干，他认为音乐中的理念就是"永不衰败的新"。以此为出发点，他端掉了单一音高以及在此之上建立起来的大小三和弦在音乐中的参照地位，并使得不协和的和声组合不再受三和弦连续所规制，也不再构成某种代表普遍原则的单一和声类型，而是作为一个内部自有联系的和声组织自为存在着，勋伯格自称这是"不协和的解放"。从古希腊以来，音乐就一直被视为表达和谐与秩序的媒介：在柏拉图那里，哲学本身被视为表现和谐的"音乐活动"。毕拉格拉斯也说过，音乐表现的是"数的秩序"。到了中世纪，更是有表现"天体的和谐"的"音乐宇宙学"一说，而勋伯格此举无疑是解开了和谐对音乐的捆绑。

本雅明从占星学上挪来了"星丛"概念，将其作为一个由多元要素构成的网络空间。阿多诺从本雅明那里接过了这一概念，并认为这一概念让主客体脱离了同一性的关系桎梏，以一种不相容的并列形式进行排列。

勋伯格的学生凯奇实验性地将禅学思想运用进了作曲中，他把音乐看作"无目的的游戏"，生活可以只是流淌着的生活自己，人无须刻意从混沌和偶然中寻找出秩序来。创作于1951年的《想象的风景 第四号》，由12台收音机播放的节目声音混杂而成，乐谱上标记着的不是音符，而是收音机的频率变化和音量变化。24名表演者两两合作，其中一人负责调台，另一人负责

星空下的音乐，视觉中国供图

控制音量，让随机出现的播音与人为控制的音量变化糅合成奇妙声谱。在其后的一年，也就是 1952 年，凯奇同他的朋友应邀在加州黑山大学的主题餐厅进行了一系列"同时进行的毫无关系的不同行为"的表演，在共时性的情境里，一群异质性的行为所发出的声响凝结成一个声团：钢琴演奏家图德弹奏钢琴、制陶家卡罗琳站在人字梯上大声朗诵诗歌、画家卢森堡用手提扬声器播放磁带、舞蹈家坎宁安表演舞蹈，另有两人往墙上投放幻灯电影，而凯奇就在人群中放声念演讲词。同样是由杂乱噪声拼贴而成的作品，首演于 1962 年的《0 分 00 秒》从头到尾充斥着椅子的咯吱作响声、打字机声、喝水声……凯奇还与画家杜尚合作作品《重合》，二人在多伦多大学设计并制作的声音棋盘上对弈，整部长达十几个小时作品由棋子触发棋盘各子所发出的声响组成。凯奇将日常生活场景中司空见惯的声响放大，音调万千的各色声响在同一时空中各声其响，它们各不相干却又连成一片，就像散乱的星丛聚合成的星座群。

在柏拉图思想统治下的传统哲学里，世界是没有生产的，世界只有不断的复制与再复制，一切事物都只是理念偶像的形象再现。在德勒兹的差异本体论这里，一切都颠倒过来了，生成大于存在，不同大于同一，差异是一切的根本原则。他认为混沌是一种自发产生秩序的创生媒介，在其中有一种根本的不稳定性，其自主运动构成了世界的起源。在《差异与重复》里，德勒兹区分了两种重复：日常的重复，是指在时间中独立的两个事物彼此相似或相当，是将静止的存在置于流变的生成上。不好听一点说，是照抄照搬；好听一点说，是肌肉记忆。在可感世界对理念世界的不断复制里，只有理念的存在被不断地重提与强调，就好比我们重复练习画横画，在这一机械运动里，只有我们的运笔姿势和方向在我们的肌肉习惯中持存了下来。这种重复是没有创造性的，它只是固定并强化某种东西的存在。与此相反，差异的重复则是一种生产性的重复。在此基础上，德勒兹又提出了"块茎"和"拼缀布"等概念。拼缀布不是一块织物，织物只能在同一个方向展开，且只能待在由单一秩序设定的顶端和底部的边界之内，而拼缀布可以是任何形状，也可以向任意方向或同时向诸多方向展开，被添加到这块拼缀布上的是一些随机的布块，它们有着不同的颜色与质地，在拼缀布上无规律地闪现。

与拼缀布相关的音乐家齐默尔曼打破传统的线段性时间观念，他把过去、现在、将来以共时呈现的形式层叠在一块。在他的作品中，如歌剧《士兵们》里，他把不同风格阶段的材料与他自己的序列音乐"拼贴"形成一种多层次的拼贴式结构。齐默尔曼的这一创作手法是后序列时代音乐的一个小孔，从中我们可以窥见20世纪60年代音乐创作的全新特征——对"外来物"毫不忌惮也毫不隐讳地"引用"。他们从不属于他们的时空那里调取其他音乐，并使之与时下的语境形成错位。这些被借调来的音乐并不只在某个孤立的片段或戏剧性的瞬间执勤，而是不断地出现在作品中的任何一个时刻，直至作品结束。甚至有些音乐作品就是由该借调音乐的本体、变形与再变形拼接成的。于是我们会听到：中世纪时期的格里高利圣咏、文艺复兴时期的复调、巴洛克时期的装饰音型以及 19 世纪后期的半音化……都在同一个时空重聚，即使它们的面貌，或经过了微调，或经过了全整。

三 聆听"沉默"：为什么说"大音希声"？

哲学家库马拉斯瓦米认为：古印度人的美学观中情感有黑白两种色调，英勇、性爱、愉悦与惊讶是白色调，害怕、愤怒、悲伤与憎恶是黑色调。但

《4 分 33 秒》，凯奇上台后第一时间把钢琴键盖合上

在黑白之间其实还存在着第三种色调（亦即第九种情感），不是灰色，而是无色。这种无色的情感是一切情感的终极旨归，它是唯一的"正中"情感——安静。凯奇在其作品《想象的风景 第四号》里便运用了这一理念，作品的

最后是长达一小时的寂静。其另一部作品《4 分 33 秒》则用无音乐组织来表现音乐。这帮音乐先锋们，实则是回到了比音乐更为原始的语境，听到了本不被归为"音乐"的音乐。

学者姜宇辉将"沉默"与"聆听"相结合并将其通俗化地解释道：自然的声音比人所能听到的声音要多上百倍，有大智慧的人都知道在适当的时候停下来，去聆听无声之声，也就是那些还没有来得及被人为筛选处理过的声音。在那些无为敞开着的声音里，人一定能从中听到以前从未听过的声音。

安静不是无声，而是众声各得其所，无法分辨，没有哪一种声音凸显出来使其他声音隐去。沉默也不是在该表达时选择不发声，而是不用已有的话语去遮蔽更为本真、辽远、广阔的声音。人的言说既是解蔽也是遮蔽，它就

像相机的取景框，会选中某些部分，但更多的部分会被虚化。沉默不是无声，它是默会，与领会相关，为的是使被虚化的声音重新显现出来。与此类似但更为深刻的观点可以在《存在与时间》中找到，海德格尔讲道："话语对生存的生存论的组建作用只有通过倾听和沉默才能使现象变得充分清晰。"沉默是话语的另一种本质可能性，沉默更能本真地形成领会。沉默并非杳无声息，而是比一切声音更本原。

传统哲学总是从在场的东西出发来进行推论，一切学说都是根据我们所能看到、所能知道的东西的特征来进行总结和推理而形成的。我们似乎完全忘了，那些我们无法看见、尚未知道的东西，同样是世界的一部分、同样对世界的运行负有重大责任。像德里达所提醒的那样，除了在场的东西，我们还更应该在意缺席的东西。可是在这些声音之外，是不是还有我们未能听到的声音？或许暂时屏蔽这些已有的声音，会有更多我们从未设想过的声音涌进我们耳朵里吧。

拓展阅读

1. [美] 罗伯特·摩根：《二十世纪音乐：现代欧美音乐风格史》，陈鸿铎等译，上海音乐出版社，2014 年。

2. [澳] 乔·休斯：《导读德勒兹〈差异与重复〉》，廖鸿飞译，重庆大学出版社，2020 年。

3. [美] 尤金·W.霍兰德：《导读德勒兹与加塔利〈千高原〉》，周兮吟译，重庆大学出版社，2016 年。

4. 沈沛：《激浪派音乐家及其作品中的行为艺术——以约翰·凯奇、谭盾的作品为例》，《当代音乐》2019 年第 2 期。

思 考 探 究

　　1.结合所喜欢的某首乐曲，谈谈你对"声音"思想的理解。

　　2.结合本讲第二小节，就"对文艺作品的解读与演绎，一定要忠于原著吗？"一问，谈谈你的想法。

　　3.结合本讲，就"美是否具有固定标准？"一问，谈谈你的看法。

　　4.结合本讲中有关哲学理念与音乐创作的变革，谈谈"创新"的合理性和重要性。并讨论：作为青少年，我们可以在哪些方面有所创新？怎么创新？

第 **7** 讲
资本在世间

——文艺作品中的"资本"批判

　　影片《摩登时代》将目光投向了美国经济大萧条时期，工人查理在工厂遭遇了非人的待遇，个人休闲时间不断被压榨、劳动受机器控制、时刻受到上级监控。在被工厂驱逐后，他又遭遇了监禁和失业等一系列生存危机，最终沦为供富人取乐的小丑。

　　长期以来，社会上流行一种观点：穷人是活该穷的，因为他们自己不努力工作。批判资本主义只不过是因为他们无法成为富人，故而对富人产生了嫉妒与仇视心理。

　　这种观点很明显是错误的：首先，它混淆了个人具体原因导致的贫穷和生产资料和劳动机会缺乏导致的贫困；其次，它混淆了作为富裕个体的资本家和作为资本人格化的资本家；再次，它忽视了穷人之所以穷、富人之所以富的深层历史原因。

　　想要更好地反驳这一观点，我们需要先了解：什么是资本？资本从何而来？为什么说资本主义是邪恶的？

一 从"资本"到"资本主义"

在什么情况下，我们会提到"资本"？我们常说"他有骄傲的资本"，这里的"资本"，是一种隐喻，指的是一种条件，我们认为某人身上具备这种有利条件，并且这一条件可以使其顺利完成某件事或达成某个目标时，我们便说他"具有这样或那样的资本"。也就是说，在日常语境里，"资本"指的是能够达成某种目的、完成某项任务的基本条件。比如，我是个渔民，我首先要有一条船，这条船就是使我能够出海捕鱼的"资本"之一。我是一名律师，我起码要具备相关的法律知识，其次还要取得律师资格证，这些都是使得我能够从业的"资本"。

这种理解，与前马克思时代的经济学家们的理解相似——在前马克思时代，人们通常从"生产要素"或"生产工具"的视角来理解"资本"：在古典时期到中世纪时期，"capital"的词源"caput"通常被解释为"头部""上好的"。至12—13世纪，该词开始具有经济内涵，常作"资金""存货""款项"或"生息本金"使用。至中世纪晚期，随着古典经济学的形成，"capital"的经济学内涵越加充盈，查阅当时的经济学著作可以发现，该词常作为"fonds""principal"和"stock"的替换词来使用，多以"本金"为其义，如配第在《政治算术》中谈及荷兰东印度公司的资本金时用的就是"capital"一词。到了18世纪，"资本"一词的使用频率飙升，仅仅在亚当·斯密《国富论》中就出现了500余次，其用法基本定型。在中国古代文献中，"资本"一词的出场语境基本同上。如汉代刘熙《释名》中"姿，资也。资，取也。形貌之禀，取为资本也"，意思是说"容貌乃是一个人的资本"，在这一文本中，"资本"与"禀赋""天生能力"意涵相近。近代学者们在引入西方思想时，普遍将"capital"译为"母财"，如严复在翻译亚当·斯密《国富论》

和斯宾塞《群学肄言》采用的就是"母财"和"母本"的译法。梁启超在《新民说》中将"母财"与"资本"作为同义词交互替换使用。到了五四运动时期，"资本"基本上已经代替了"母财"，成为表示"本金"的固定用词。

这种理解，只是把握到了"资本"最初的存在形态，还没有触及"资本"的真正本质。在马克思的政治经济学批判理论中，资本不仅仅是一种生产资料，更具有自行增殖的内在规定；如果不能将生产资料、自行增殖和生产关系三重规定贯穿起来，就不能真正理解马克思所讨论的"资本"。

作为生产关系的资本，必须先以生产资料的方式表现出来，这是资本的第一重规定。"资本不是物，而是一定的、社会的、属于一定历史社会形态的生产关系"，但这一生产关系却要"体现在一个物上，并赋予这个物以独特的社会性质"。但作为生产资料的物质形态的资本，无论是商品、货币，还是劳动产品，都只是已经完成并固定下来了的"死劳动"，是价值的贮存者，它自己不能主动完成增殖，而必须借助一个中介来帮助自己实现增殖——劳动者就是这个中介。劳动力一开始只是作为一种潜能存在于劳动者身体中，当劳动者进入到生产领域，对生产原料施加影响，这种潜能就转换为现实的活动，即"活劳动"，被作为"预先存在的价值"的资本所吸纳。于是，资本攫取了"新生产出来的价值"，继而生成新的价值即剩余价值，剩余价值又进一步回到资本中成为资本的一部分。马克思用公式 G—W—G' 来表示资本的增殖运动：资本家将一般等价物（主要就是货币）投入生产中，用其购买生产原料并预付给劳动者以工资。生产原料吸收了劳动者的劳动从而使自己蜕变为产品，产品被投放到流通领域，通过交换再一次变为一般等价物。一般等价物还是

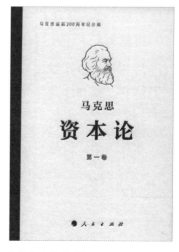

《资本论》书影

一般等价物，但在经历了生产和流通两大回合之后，它在量上却发生了变化，也就是说，资本在此过程中发生了价值增殖。不能在自己的运转中实现价值增量的资本，顶多只能算是"本资"，只能算作"物质和生产出来的生产资料的总和"，而不是真正的资本。

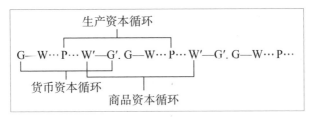

资本增殖运动图示

马克思在《资本论》第一卷中认为：

> 一方面是货币、生产资料和生活资料的所有者，他们要购买他人的劳动力来增殖自己所占有的价值总额；另一方面是自由劳动者，自己劳动力的出卖者，也就是劳动的出卖者。自由劳动者有双重意义：他们本身既不像奴隶、农奴等等那样，直接属于生产资料之列，也不像自耕农等等那样，有生产资料属于他们，相反地，他们脱离生产资料而自由了，同生产资料分离了，失去了生产资料。商品市场的这种两极分化，造成了资本主义生产的基本条件……因此，所谓原始积累只不过是生产者和生产资料分离的历史过程。……新被解放的人只有在他们被剥夺了一切生产资料和旧封建制度给予他们的一切生存保障之后，才能成为他们自身的出卖者。而对他们的这种剥夺的历史是用血和火的文字载入人类编年史的。[1]

1　中共中央马克思恩格斯列宁斯大林著作编译局：《马克思恩格斯全集》第四十四卷，人民出版社，2001 年，第 821—822 页。

现在我们可以明确，所谓"资本"，首先是已经存在于手中的本金或已经具备了的基本条件。其次它还要能够被盘活，仅仅握在手中最多只是货币或某种潜能，它必须能再度投入生产中，成为生产的条件和动力。再次，它在投入生产之后还要能带来新的增益，实现自己的再增殖，使自己源源不竭地再壮大。而它之所以总能够壮大自我，本质上就是因为：资本不仅仅是在手的生产资料，根本来说就是生产关系。作为一种以物为中介的人和人之间的社会关系，资本使得一部分人可以无偿占有另一部分人或大多数人的剩余劳动，从而使自己的增殖得以可能。资本就是资产阶级社会支配一切的总体权力，它"将一切现实或虚拟的存在都变成自己的内在构件或运作工具，使之适应于自己的增殖需要"，它可以支配他人和其他事物，使别人和别的事物都依附甚至屈从于自己，并尽情地吸纳它们的精气。

围绕着"资本"这一架可以无限再生产的机器，一套为其辩护并处处为其发展着想的思想体系诞生了，它在公共领域里获得了广泛传播，成了不少人普遍接受的意识形态。这套思想体系奉行一条金科玉律："一切为了资本"。正如地球绕着太阳转，社会生活的一切也围着资本转，资本成了世界的中心，成了指导人类社会发展的一种主义。

在一般情况下，我们提到"资本主义"时，总是将其作为一个多方面浑成的概念来把握，在我们还没有明说"资本主义是什么"之前，我们就已经隐隐约约地对它有一个模糊的印象——它既可以是一种生产方式，可以是一种经济形态，也可以是一种社会制度。当我们说"资本主义生产方式""资本主义经济"时，我们更多的是从经济层面来言说"资本主义"的，这个语境中的"资本主义"与自然经济相对立，主要指一种生产模式；在诸如"资本主义国家""资本主义社会""资本主义制度"这类表述中，"资本主义"的政治色彩就要更浓郁些，它与从前的封建主义、后来的社会主义相对立，主要指一种社会形态。但是，这几个方面并不是彼此分离的，而是内在交织的，因为规定这种社会构造的出发点的标志，恰恰就是生产方法，"是支配阶级在生产上从直接生产者吸取剩余劳动的剥削形态"。

在封建主义社会中，土地归所谓封建领主所有，生产手段分配给人格上隶属于封建领主的直接生产者（农民），地主通过向农民榨取地租来将农民束缚于土地上，使其成为土地的附属物。在这一时期，生产以满足农民自己或地主自己的生活需要为目的。但资本主义社会则不是这样，它生产是为了售卖，通过售卖获取利润来积累资本。这样一种生产方式或经济形态的出现离不开两个历史条件：生产资料的私有化和劳动力的商品化。这两个历史条件是同一个历史过程的两个方面：生产资料集中到小部分人手中，使之与直接生产者相分离。直接生产者既不占有生产资料，也不占有自己所制造的商品，劳动力成了他们自己身上唯一可供自己支配和出售的东西。于是，他们不得不出卖自己的劳动力，以换取生活资料维持生存所需。以英国为例，在15世纪末期，英国地主们利用国会势力制定圈地法案将农民逐出土地，改耕地为牧场。到了16世纪，绝大多数的土地都落入地主手中，而失去土地的农民则成为流离失所的无产者，不得已接受大地主的雇佣，从直接生产者变为工资劳动者。但对十一个国家而言，在经济上具有或出现了资本主义成分，不一定在政治上就是成为资本主义国家。比方说，在14—15世纪，地中海沿岸的某些城市和国家就已经出现了资本主义生产关系。但第一个资本主义国家却诞生在16—17世纪，荷兰的尼德兰革命使资产阶级登上了政治舞台，并制定了有利于海洋逐利和资本积累的法律，这才使荷兰正式成为资本主义国家。

与生产资料的私有化相伴而生的，有两个历史事件：在其自己国内，封建庄园的自给自足经济被破坏，都市行会组织遭到削弱，广大农民和手工业者破产；在国外，后发国家遭遇不平等交换和殖民掠夺。正因此，马克思才说："资本来到世间，从头到脚，每个毛孔都滴着血和肮脏的东西。"

但是，资本的降临毕竟给世界经济带来前所未有的发展机遇，我们是否能说"资本的降生虽然是血腥的，但资本主义却是伟大的"？

❷ 剥削的秘密：为什么说资本带着"满身污血"？

什么时候我们会对一种主张或一种观念冠以"主义"的名号？当一个主张或一种观念把某种事物当成旨归并为了维护它而努力筹划时，我们便冠其以"主义"的头衔，并用这种事物来给这一主义命名。同理，我们之所以将资本主义叫资本主义，就是因为它以"资本"为核心，一切手段、方针和活动都得以它为核心，对资本积累和再积累没有益处的事情都被斥为无用的、不必要的和没有意义的——说到这里，我们要记得：令人生厌的并不是那些作为本金的"资本"，而是这套以资本的再生产为核心的资本逻辑。马克思所批判的"资本家"，也不是手握资本的某一个具体的人，而是指"资本的人格化"，即资本使自己"尽可能多地自行增殖"的过程——这个不断使自我价值增量的模式或结构就像一个贪得无厌又老奸巨猾的商人一样惹人憎恶，因为这种人眼里只有自己。

卓别林饰演的工人查理想休息？不行！休息能给资本再积累带来什么好处呢？既然没有，那你就不应该休息！可是资本家也有理由：我给你发工资了，给你钱就是请你来干活的，你怎么还能休息呢？你替我干一天活，我给你发一天口粮，咱谁也不占谁的便宜，这很公平嘛。听上去似乎很有道理，但问题恰恰就出在这里：劳动者们怎么知道自己的劳动值多少钱呢？劳动者们并不能给自己的劳动进行市场定价，他们拿多少钱终究还是资本家说了算。这是其一，工人们看似按照一定的劳动时间获得了相应的报酬，但实际上他们所得到的工资远远不能与其劳动付出相匹配。但要这么说，资本家又要出来反驳：你要觉得我给的价钱不合适，那你可以离开，到别的厂子里去，或者自己开个厂子，我又不拦着你。听起来好像也对，可问题是，我没有生产资料，我空有两膀子力气，除此之外便一无所有，我不出卖自己的劳动力，我还能怎么办？资本家没收了我的土地，我再也不能通过耕种自给自足，除了出去给别人打工别无选择。这是其二，工人们只有选择为哪个资本家做工的自由，却没有不为资本家做工的自由，这种看似自由受人雇佣从一开始就是强迫性的。

资本主义生产不仅是商品的生产，它实质上是剩余价值的生产。工人不是为自己生产，而是为资本生产。只有为资本家生产剩余价值，或者为资本的自行增殖服务的工人才是生产工人。因此，工人在生产过程中所创造的价值实际上又不只是劳动力价值，还有剩余价值，剩余价值的生产才是资本主义生产过程的本质。

剩余价值的获得方式有两种：第一种，保持社会必要劳动时间不变，延长工人的劳动时间，让你一天干完两天的活，多出来的这部分劳动就叫"剩余劳动"，由其中所获得的剩余价值就叫作"绝对剩余价值"。第二种，保持工人的劳动时间不变，缩短社会必要劳动时间，用更少的时间生产出工资的等价物，明明生产这个东西现在只需要三个小时，我却还是让你照例干足八个小时，看上去我也没让你多干活，但实际上多出来的五个小时是你白送我的，从这里获得的剩余价值就叫"相对剩余价值"。

在这样的情形下，资本积累的雪球越滚越大，但对工人来讲一点变化和好处都没有，工人们从中获得的只是与日俱增的生存压力。作为一种"没有发展的增长"，它不能使自身跃进到一个新的阶段或形态，只能让自己的系统内部变得愈加复杂。

在这样的生存压力中，劳动和人之间的关系发生了变化：本来，我是劳动的主人，我通过劳动从无到有地创造出了新的东西，满足了自己的需求，同时给自己带来了快乐。但是现在我不得不劳动，可我的劳动只不过是帮助了资本再增殖，除此之外它再也不能给我带来任何好处，于是劳动奴役了我。在劳动与人的颠倒关系中，人不得不在劳动中才能获得自己的身份，才能被看作有价值的、有意义的人。"拧螺丝"这一重复劳作将工人查理唤为"拧螺丝之人"，查理本该具有的人的属性，在工业社会中被消解得荡然无存，成了纯粹服务于"拧螺丝"的工具。主体被卷进巨大的齿轮中，成为生产机

异化劳动:《摩登时代》中的主人公查理成了资本再生产大机器中的一个齿轮

器的一个可替换的零件。人与人关系的实质是"人们的所有物之间的关系","虚假的主体在发挥现实作用，本应真实的主体成了资本世界的景观"，这也就是我们常说的"异化劳动"。

三　数字时代的资本主义与异化劳动

数字平台铺展了我们的另一重生活空间，我们既生活在日常所处的周遭世界中，又在同一时间生活在网络媒介之中，这同时也改写了资本主义的剥削方式——在日常世界中，我们在工作时尚且知道自己在工作、尚且知道自己工作了多久，而在数字平台上，休闲和工作的边界消弭了，我们在娱乐的同时不知不觉地就已经为资本的再生产做出了贡献。我们可以重新来认识一下我们平常在互联网平台上会做的事和会碰到的事物。

- 评论：制作媒介产品。看似只是在闲聊，其实是在向观念市场上投放观点产品，为平台这个大型展览架生产景观。每一则评论都是一桩可供围观、可供消费、可供再生产的媒介产品，受众们不仅可以浏览它，还可以围绕着它继续生产评论，评论又可以继续招引评论，平台由此源源不断地获得新的话题和关注热度。

- 营销号/意见领袖：通过"地毯式轰炸"或"皮下注射"的传播方式，强迫你"自愿"地接受某些观念或某些准则。它们会告诉你：什么生活是值得追求的、什么审美才是正常的甚至高级的、什么观点是一个接受过现代文明教育的人应当持有的、对某个新闻事件应当有什么反应或持什么态度才是正常的……它们有一百种方法让你接受，例如情绪上的奖赏与惩罚：把某个行为或某个观念同一个具有褒贬色彩的符号拉上关系——似乎这么想、这么做才是先进的、是高尚的、是清醒的，那么想、那么做就是落后的、是卑贱的、是愚蠢的，继而利用你的虚荣或羞愧来使你臣服于它们的主张。这种臣服最终仍会反哺资本，比如那些隐含了同类主张同类观念的媒介产品就会获得更多的支持和关注。

- 浏览页面：为平台贡献流量和数据，同时，平台将读取我们的信息，并将数据转手卖给广告商，于是用户的观点和隐私沦为商品。

- "二创"/周边：平台不需要自己制造媒介产品，它本身既是生产车间也是商品市场，它只需要利用受众们对某个话题、某部影视剧、某个公众人物的喜好，让他们自己创作相关的媒介产品，例如视频剪辑——为某个"爱豆"剪辑镜头集锦、对某部影视片进行二次编剧……

在数字平台上，每一个人都可以成为知识生产者，生产着社会规范、情感关系、个人信息，同时又作为消费者吸纳着这些产品，为资本的增殖做出贡献。但是这些贡献却被隐藏在娱乐与休闲背后，消费者意识不到自己在消费，生产者也意识不到自己在生产，自然也领不到任何工钱，只是不知情地或知情却无奈地为资本积累付出无酬劳动。作为数字生成消费者中的一员，我们并不可能做到完全的数字断联，但我们至少可以做到：保护好自己的隐私，不随意暴露过多个人信息；加强独立思考和筛选信息的能力，不因某个言论在支持者数量上具有优势便轻易相信它；具备普遍怀疑和理性分析的意识，不因受困于信息茧房而弱化对他人的换位思考与理解；增强财产安全意识，不随意在平台上支出金钱；明悉自己使用平台的真正原因和需求，不浪费自己的时间与注意力为平台免费创造收益。

拓展阅读

1. 中共中央马克思恩格斯列宁斯大林著作编译局：《马克思恩格斯全集》第四十四卷，人民出版社，2001年。

2. 丰子义：《马克思主义社会发展理论研究》，北京师范大学出版社，2017年。

思考探究

1. 在数字资本主义时代，资本对无产阶级的剥削形式有何变化？

2. 据你所知，在今天的"数字平台社会"中，还有哪些隐蔽的剥削手段？

第 8 讲
赛博格宣言

—— 文艺作品中的"数字"空间

科幻片《银翼杀手》中，描述了 21 世纪的洛杉矶，泰瑞公司研发出了"比人类更像人类"的仿生人，他们拥有最高级的智慧和能力。然而，在地外殖民地发生了一场仿生人暴乱后，泰瑞公司便决定将其列为"违法物"，并派出银翼杀手，企图以"过期产品回收"的名义将其全部杀害。银翼杀手德克在一次次的任务执行中，屡次目睹仿生人的情绪爆发、见证仿生人强烈的生存愿望，终于在枪击佐拉时意识到：自己不是在让仿生人"退休"，而是赤裸裸地在没收他们的生命，是真真切切的"处决"。

"赛博格"（Cyborg）最早由克林斯和克林于 1960 年在《赛博格与空间》中提出。而真正将"赛博格"推向思想前沿的则是哈拉维广为人知的《赛博格宣言》。为了解决未来在太空中可能遇到的身体机能问题，人类需要移植一些辅助装置来强化人类的身体机能。这个"肉身 + 辅助装置"的混合体就叫作"赛博格"，意思是"控制论的有机体"。哈拉维认为"赛博格"是"对界限的摒弃"，它的出现将人类与非人类、有机体与机器、物质与非物质之间的边界一举打破，将人带入对自身与机器之间界限的探究之中。这一观点在《银翼杀手》中得到了充分体现：银翼杀手德克不停地在追问女友瑞秋是人类还是仿生人，自己所追杀的仿生人们是否已经成为真正的人类，自己又到底是仿生人还是人类。这些疑惑贯穿电影始终，进而串联起了剧情发展的主线。

种种疑惑看似追问"仿生人能否成为人"，实则在追问"人是什么"这个古老问题。当银翼杀手困惑于"仿生人是不是真正的人类"，他实际上困惑的是"当仿生人具有什么样的特质时，他们可以被视作真正的人类"或"仿生人此时所具有的特质是否足以使他们被视作真正的人类"——其中实则暗藏了一个类比逻辑：如果仿生人是人，那么他们就该具备人所有的特质与属性。因此，想要弄明白仿生人与人类的本质区别是什么，就不能不先自问：人类的真正本质是什么？

电影对仿生人和人类的本质差别的界定大致可以分为以下三个方面——这是赛博格为人类带来的三面镜子，人类将站立在这三面镜子前，看着自己的镜中形象，发出一连串的自我诘问。

其一，是否具有原初身体。这种划分标准，预设了一个未经技术改造的、"纯洁"的身体存在，它认定人类的身体是生来在此的，而仿生人的身体却是机械等技术物组装而成的，产生自生产者的劳动，因而不是自在自为的存在物，故而不能被视作人类。在电影设定的故事背景中，我们可以看到：仿生人的身体拟真程度越来越高，人类身体也在逐渐被技术加持，生物碳基与物理硅基之间的界限日益模糊。那么，是否具有原初身体这种划分标准是否依然适用于时下的社会现实？身体与技术的关系是什么？又是否真的存在原初的、未经技术"污染"的"纯洁身体"？

其二，是否具有自我意识。这种界定标准将自我意识视为人类的本质特征。人是具有自我意识的生物有机体，能自主地能动地对周遭世界做出反应。仿生人不具有自我意识，他们对自身所处的环境和所遭遇的事情的反应都只是信息系统的计算结果，因此不能被视为人类。然而在影片中，仿生人越来越具备自主意识，能对眼前所发生的事情产生情感反应，能为自己的生存处境做出谋划，此时，我们是否依然能以自我意识来划分仿生人与人类？

其三，是否具有主体地位。仿生人是人类科技生产的产物，依赖于人类的科技发展和生产劳动，从被制造的那一刻开始，就是作为人类的附属而存在，为人类的生产活动服务。人类对仿生人有绝对的主宰权力。然而，影片中的罗伊已然意识到了自己生命中所遭遇、所见识的一切是何等具有意义，自己的生命是何等有价值，即使不依附于人类，也是值得被延续、被敬畏、被纪念的，而这使人类不得不反问自己：我们是否生来就是天然的主体？

影片《银翼杀手》字幕
仿生人罗伊怀念自己的一生，并意识到自己生命的价值与意义

技术物与有机体之间的高墙业已坍塌，在人类主体性与特异性的废墟面前，我们不得不重新拷问自身：人究竟是什么？

一 作为技术的身体与作为身体的技术

人类与仿生人之不同，首先被认为是原生身体与技术身体的不同。人类的身体是生而有之的自然造物，而仿生人的身体却是由技术物组装而成的，技术身体的非自然、非自生性，构成了仿生人区别于人类的一大特征。

然而，影片中的仿生人，肉身趋近完美，拥有着比自然人类更为秀丽的脸庞和健壮的身躯，更拥有着比寻常人类更为灵敏的知觉和健全的官能。人

类却越来越被技术物所环绕，技术物一方面成为我们的另一个器官——手机等移动终端延展了我们的视野并使我们能够获得远程经验，另一方面又成为我们的另一个生活场所——我们终日游荡在由各个平台搭建起来的拱廊街上，在各个短视频或各种图文中偶遇形形色色的人物与景色。同时技术又为我们提供了另一种存在形式，它使人以代码的形式呈现，人可以通过对"数字自我"进行修改来改变自身的虚拟身体属性。更有甚者，技术直接参与了我们的肉身生成——纳米技术再造细胞可以替换掉人身上病变的细胞，基因技术使得人类细胞遗传的控制成为可能。

当技术物越来越肉身化，而人的肉身越来越技术化，用身体的自然性与技术性来区分人类与仿生人的方式是否依然适用？

或许我们可以先想象三个场景。

第一个场景：公元 1 世纪，希腊哲学家普鲁塔克提出著名的"忒修斯悖论"，这是一个关于质料与形式、要素与本质的同一性问题。忒修斯原是古希腊时期的大英雄，其从克里特岛返回时乘坐的船被雅典人留作纪念。但随着时岁更替，船上的木板日渐腐烂，雅典人便将破旧的木板拆掉，换上新的木板。久而久之，这艘船的每块木板都已经被置换了一遍。当"忒修斯之船"的所有组成部分都不再是原装时，这艘船还能算作是"忒修斯之船"吗？真正使"忒修斯之船"成为"忒修斯之船"的到底是什么？

第二个场景：假设我们从不同的人身上各自选取一件器官，并用它们拼凑成一个完整的人形，再模仿身体机能的工作原理，赋予其一个自运行的系统。当它能像正常人类一样感知外部环境，并在经过信息处理后对外源刺激做出反应，此时，这个由组装技术搭造起来的身体，是否能算作"人类"？

第三个场景：如果一个人将自己的器官一件一件替换成技术零件，先用能把影像替换成声波的音频助听器或能把影像转化成电子信号的眼镜摄像机替换掉原生的视觉系统，再用能读取肌肉电信号从而向大脑下达指令的机械臂替换掉原生的手臂……当身上所有器官全被替换过一遍之后，这个人是否

人工智能技术的普及应用，视觉中国供图

还能算作"人类"？

"赛博格"的出现，与其说使人的身体陷入了技术化危机，倒不如说它给予人一个理解身体的全新视角。从"赛博格"的角度来看，身体与技术从来就不是对立关系，而是共生关系。身体正是通过使自己成为技术，从而实现与世界打交道的，换句话说，身体不仅离不开技术，身体本身就是一项技术。哲学家唐·伊德在《技术中的身体》中提示我们，我们至少可以从物质、文化与技术三个维度来理解我们的身体：

作为身体体验基础的物质身体，是"人最初也是最自然的技术对象和技术手段"，是人与世界打交道的感知系统和互动界面，是意识感知世界的最初视角，是人与世界进行交互活动的第一场所。我们通过身体的各个官能，把周遭世界分解成我们能够理解的各种信息，使世界以身体能把握的形式向我们呈现。身体动用自身全部的整体知觉来感受作为生存环境与条件的总体"世界"，对外部世界的刺激做出反应，并在此过程中延展自己的生存体验，甚至改变自己的存在状态。世界并不是直接摆在人的眼前，人需要让自己的身体先习得某种能力，而后才能动用这种能力去获取有关世界的信息片段。如果我们从小将自己的一只眼睛"封闭"起来，到多年之后重新打开，届时我们会发现，这只眼睛虽然没有任何生物学问题，却依然不能产生任何图像，因为这只眼睛所对应的图像处理脑区并没有被训练成型。

人的身体不仅仅是个物理机体，更是社会文化与道德伦理的践行系统，这个"文化身体"是社会符号与象征意义的承载装置。社会伦理、共同习惯、生活方式都是一种技术，将人类行动着的身体规训成符合社会共同体需要的模样。人在社会交往和社会实践中逐渐用文化符号、地位象征等社会技术来改造自身，使自己越来越符合自己所对应的社会角色的基本设定。哈拉维用科学实验对灵长类动物的规训来类比权力对身体的塑造，并认为"权力以符号学为工具，把'精神'（头脑）当作可供铭写的物体表面；通过控制思想来征服肉体"。

人朝向世界的交际活动要能顺利进行就需要通过某种中介：人与天地万物相交，要借助身体官能和其他技术用具。人与他人相交要借助相似的语言系统和文化系统。因此，人的身体不仅是纯粹的自然物体和文化载体，也是一个"技术身体"。技术对人的作用大致有四种：其一，拓展身体，使身体以技术物为中介，获得身体不容易直接感知到的那些世界经验；其二，驯化身体，思想管理技术使身体成为具有符号意义或文化意义上的"某种身体"；其三，创造情境，为身体搭造在世存在的活动空间，现代建筑技术搭造起了都市生活所在的城市空间，数字技术搭造起了人们以虚拟姿态在其中穿梭的网络平台；其四，标记身体，使身体获得文本呈现，例如，我们测量血压，此时就是把身体变成一个可观测的客体、可以记录和读取的数据来解读。由此观之，人类早就生活在技术的天罗地网中，用无形的导线将自己接入机器之中了。

如果我们再审视一下"赛博格"的定义，我们就会发现，它至少包含以下两个条件：其一，它是为适应生活环境而发展出来的新生命体；其二，它借助外物、机械、装置、技术来提高自己的身体性能。而人类恰恰完全满足这两个条件：身体本来就是一件有待驯化的用具，人在与周遭世界相处的过程中逐渐习得了熟练使用身体的能力，从而得以更好地抵御风险、适应环境。人类先是学会了直立行走和使用双手以满足生存需要。当肢体功能已经不足够应对世界时，人类又学会了使用火把、石块、陶片等工具，把自然物变成能符合人类需求的技术物，并用它们来弥补我们身体功能的不足。人们在使用技术物的过程中逐渐根据技术物自身的形态与特性调整自己的生活习惯与实践方式。也就是说，在人"驯化"技术物的同时，技术物也在形塑着人类本身。人用自己的身体去感知他人，而当身体与身体的相互关系组建出了社会时，人在社会生存活动中所积攒的经验就成了另一项无形的技术指导着人进行社会交际与实践……正因如此，克拉克才说"人类是天生的赛博格"。

从这个角度来说，无论是仿生人，还是人类，都是异质性要素的混合物，身体都可以被不断地建构和解构，两者之间没有本质上的界线。这意味着，用身体的自然原初性来区分仿生人与人类的做法彻底失效了。

从后人类主义的视角来看，身体只是心灵的弥补，是可以被意识操控甚至抛弃的假体；比身体这个载体本身更重要的，是储存在身体里的信息。所谓储存在身体里的信息，是人们在生存活动与社会活动中积攒得来并持存到记忆里的种种生命体验与理性观念，也就是那些与自我相关的种种意识。

⬤ 自我意识：人类的先天专利？

古希腊早期哲学热衷于追问世界的本原，此时人们尚未意识到自己观察世界的视角和立场乃至框架都会影响自身对世界的认识，尚未意识到自己的生存活动会对世界造成或大或小的影响甚至改变世界的发展轨迹，只是根据自己的经验来给"世界从何而来"或"世界如何运转"等问题下一个肯定的结论。

与"对象意识"不同，"自我意识"意味着人类意识到了自己对世界的种种断言都是有待考察和重新审视的，不同的感知框架和理性思维将影响世界的呈现形式，人的生存实践可以将世界改造成能够为我所用的样子。从笛卡尔写下"我思故我在"开始，自我意识就被视作能对世界进行主体性改造的人类本质属性。康德认为在所有存在物中，人是能够具有"自我的观念"的存在。黑格尔将人视作"一个有自我意识的存在"。胡塞尔指出"人的生命实践就是自我意识的形成和展开"。简而言之，自我意识使人自觉到了自身的存在，从而能够有意识地谋划并开展生命活动、赋予其他存在物以及周遭所发生的事件以意义。世界由此成为人类的认识和实践对象，人类可以根据自己的意愿和需求对世界进行认识和改造，人类于是成为世界的主体。

由此看来，自我意识似乎应当是人类的专利，但在影片的呈现中却并非如此——地外殖民地暴乱的发生，宣告着仿生人开始意识到了自身存在的重要性，他们对自己在世界上的存在意义和社会地位有所了解，并开始自觉地追求主体权利。此时，人是否还能以自我意识的唯一主宰者自居？换句话说，自我意识是否同样为仿生人所拥有？在影片中，自我意识的确证有两个参考标准，一是记忆，二是情感。记忆把人与周遭世界打交道的痕迹言说为"我的经验"并将其持存下来，使人形成连绵的、统一的自我感知，由此人可以被自己把握为主体。情感是科技权力阶级用以区分人类和仿生人的核心标准，比如"坎普夫移情测试"暗藏了一个假定：只有人类具有移情能力，仿生人的所谓情感反应都只是信息处理的结果表征。影片中的仿生人虽然拥有记忆，但这种记忆却并非个体生命体验的沉淀结晶，而是外部植入的信息，这样的记忆并没有"属我性"，不能使自我形成统一的感知和判断标准，不能使自我拥有属于自己的情感能力。

这样的识别标准似乎经受不住更进一步的追问：人类自己能够证明自己的记忆是真实的吗？人类的情感反应会不会也只是一种信息运作？持存在我脑海中的生命经验是否真的就是"我的"经验？我由此得来的自我意识和身份认同是否真的是属于"我的"？

其实，无论是记忆还是情感都不是人类自物种降生以来便自带的品质，而是长期的社会活动沉淀出来的历史产物。换句话说，不是因为你是人类，所以你就有记忆、情感和自我意识，而是因为你有长期的社会实践和交往活动，所以你才能生成它们。

马克思认为人的意识的变迁和发展都可以在现实的人及其物质生活过程中得到解释。后人类主义者将意识视作"进化史上的偶然"。社会学家米德指出，自我不是与生俱来的东西，而是某种不断发展的东西，是在社会经验过程和社会活动过程中出现的，是在社会空间中生成的经验产物。这意味着，生成自我意识的可能性，可以广泛地存在于任何能进行社会活动的有机体，而不仅仅局限在人类这个物种之中。只要能在长期的社会交往和实践中积攒生命经验就有可能演化出自我意识。不是持存在我们脑海中的那些意识定义了我们，而是我们的在世间的所作所为定义了我们。

自我意识并不是生而有之的，而是在社会长期实践活动中逐渐形成的。在人类未进化出自我意识之前，自我意识不属于人类。在仿生人进化出自我意识之后，自我意识不为人类所专有，而这意味着单凭是否具有自我意识来区分人类与仿生人同样是不可能的。

三 怎么办：人类中心主义还是后人类主义？

马克思主义文学批评家詹姆逊在其《未来考古学：乌托邦欲望和其他科幻小说》中称：《银翼杀手》的原作小说《仿生人会梦见电子羊吗》是一种有关"主体的死亡"的文学。在影片中，人类总是以对待"物"的态度来对待仿生人，人们对仿生人有着绝对的主体支配权——人类勒令仿生人为自己劳动，又将其死亡仅仅视作"过期产品的回收"，人类可以随时依照自己的需求和喜好让仿生人"退休"。黑格尔曾借"主人—奴隶"之隐喻来刻画自我意识的初步自由。在主人与奴隶的辩证关系中，主人占据了支配地位，可以通过对物的占有来操纵奴隶的意志和身体，命令奴隶通过劳作对物进行塑形、好使主人获得欲望满足。奴隶听命于主人，只有服从主人才能使自己存活下去，然而奴隶却在劳动之中重塑了物的形态，进而意识到自身的主体性。主人却只能借由奴隶的劳动才能达到对物的欲望满足，因而越来越依附于奴隶，丧失了自身的独立性，主人与奴隶的地位在这一过程中发生了吊诡的颠倒。

在影片中，人类需要依靠仿生人来为自己进行资本再生产，仿生人在这一过程中逐渐积累了主体性。拥有情感的仿生人真正成了"比人类更像人类的存在"，而人类活生生的情感体验却被科技与资本所消化，只是模仿机器的欧几里得头脑活着，于是成了名副其实的"仿生"之人——不能不说，这是"赛博格"时代的"主奴辩证法"。

在如何应对赛博格对人类主体地位的冲击问题上，人们主要有三种主张。

第一种，认为人类应当防备技术，因为技术的僭越将威胁到人类的中心地位。这种观点继承了笛卡尔传统，将人与其他自然造物、机器造物进行了自明的区分——人类是一切事物的意义来源和历史主导，自然与机器只有在能满足人类需求的情况下才具有价值——试图与人类争夺统治主权的仿生人是人类世界的"入侵者"。

第二种，认为技术可以取代人类。这种立场认为作为世界中心的"人类"并不天然地就是"主体"，而只是现代话语的建构物，欧洲社会在文艺复兴之后为了自身发展的需要才把"人类"抬到了主体的位置上。"人类"之所以能成为概念上的"主体"，只是由于历史进程中一次"战略性的安排"。技术组建起来的生物将在各方面和各领域超越人类，人类终究会像"沙滩上的一张脸"般被大浪洗去，让位于另一个被称为"后人类"的历史建构产物。一种典型的观点：人类的内储信息，即人类的记忆、个性与意识都是以电子脉冲的形式存在的。因此，这些信息完全可以摒弃身体这个物理牢笼，在不同的载体间自由流通，甚至可以将自己转存到电子设备里，从而实现永生。如卡内基梅隆大学移动机器人实验室主任莫拉维奇在其《智力儿童：未来机器人与人工智能》中预测：2050 年，人工智能将远超人类，"机器统治未来世界"的说法将是可能的。他甚至提出了一种设想：机器人外科医生为人类做颅内

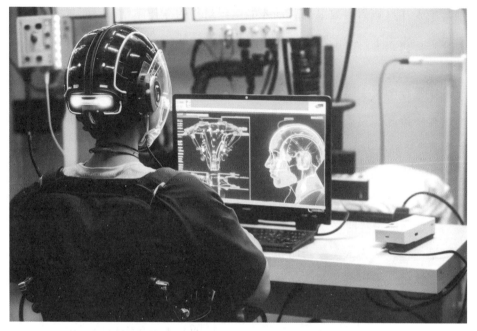

脑机接口技术：人能否移居到身外机器中生存？（视觉中国供图）

吸脂手术，并用某种技术装置像电子计算机断层扫描（CT）一样将人类每一个分子上的信息读取出来，再将这些信息统统存储到计算机里。当人类大脑中的信息被抽取一空时，人类便"移民"到了计算机中居住。著名人工智能专家明斯基在《心智社会》里也提出了一种"将意识移植到机器内"的可能性。但这种观点必然面临诘难：我们如何相信，信息离开了原有的媒介到了另一个媒介中不会发生任何变化？或者说，信息不会为了适应不同的媒介而改变自身的存在方式，媒介也不会为了自我方便对信息做出任何的修改？

第三种，认为技术是人类生命形态的转变。在这里人被认为是一个"未完成的结构"，身体是人最初的义肢，用作为弥补手段的技术不断延展和替代身体是人类延续生存的必然选择。后人类主义学者海勒斯认为，人类不会随着技术发展而被替代，相反人类可以通过作为辅助和延伸的信息技术增强身体的机能。因此，人类应当与作为他者的技术相连接，促使自身的持续生成和演进。

"赛博格"的出现把技术和人类之间相互补充、相互塑造、相互延伸的主体间关系直接推到我们眼前，传统的主客体视角已不足以使我们充分理解技术和人类之间的关系，我们需要在它们之间相互诠释的动态关系里来理解它们。以自己为主体的人类构造着作为他者的技术，而与此同时，技术也在构造着人类，成为可以借由人类对世界进行改造的主体。以技术的视角来看人类，人类对技术并没有绝对的支配地位，恰恰相反，技术培养了人的生存习惯，甚至规制了人类的演化进程：人类主体本身是在某种语言系统和行动网络中被形塑出来的产物，没有语言的言说、符号的装潢、社会规范的训导，人类将无法知道自己是何许人，以及将要成为什么人。人类根据技术的特性和形态制定自己的行动方式，并内化为一种习惯。有时人类甚至需要使自己"缺席"，好让技术顺利运转。

技术虽然限定了我们认识世界的视野和展开行动的路径，但它却不完全像海德格尔所言是将我们围困起来的"座架"。在注意到"技术生产人类"的同时，我们还需要注意到另外一个现实：作为"用以对身体进行补遗的代具"的技术物，也只有在符合人们身体活动特征时、让人们"用得称手"时才能成为身体的延伸。换句话说，技术物总是围绕着身体的运动逻辑来组建自身。"模仿人类"是仿生人活动和进化的中心逻辑。仿生人身上所具有的主体性特征都是围绕着人类这个参考坐标系组建起来的。当仿生人把"成为人类"当作自身演化进程的终极旨归，人类就成了仿生人演化历史的主宰者，仿生人的历史并不交由自己做主，而是交付给了人类做主。人类通过仿生人，在地外星球开展劳动，以期推动人类自身的历史进程。这一过程，其实是人类借仿生人延伸自己的身体与更广阔的世界打交道的过程。仿生人因人类的生产活动而拥有自己的记忆与历程。可以说，在人类以仿生人为媒介与世界进行更深入的交互活动时，仿生人也在以人类为媒介与世界发生关联。人类和仿生人就在相互定义和相互成就中实现统一。

"赛博格"不仅仅是一种科幻虚构，也是一种"社会现实的生物"，它以镜像的方式直指人类的存在，迫使人类重新审视自身与未来。

1. [美] 凯瑟琳·海勒:《我们何以成为后人类:文学、信息科学和控制论中的虚拟身体》，刘宇清译，北京大学出版社，2017 年。

2. [法] 莫里斯·梅洛 - 庞蒂:《知觉现象学》，姜志辉译，商务印书馆，2001 年。

3. [意] 罗西·布拉伊多蒂:《后人类》，宋根成译，河南大学出版社，2016 年。

思考探究

1. 在《银翼杀手》中，泰瑞公司用"坎普夫移情测试"来识别人类和仿生人，你认为"情感"是否可以被测量？

2. 影片《少数派报告》(*Minority Report*) 刻画了这样一种可能性:预防犯罪组织通过剥夺和控制记忆，把一部分社会真相封存在"少数派报告"中，为公众营造一个所谓的"安全的市民社会"。在日常生活中，我们的记忆是否也存在着被修改和涂抹的可能？

后 记

"写给青少年的哲学书"是南京市中华中学在实施并不断完善江苏省哲学课程基地建设、江苏省哲学教育课题研究与实践，以及中学和高校携手推进思政课一体化建设重要成果基础上形成的一套哲学普及读物，期望通过通俗易懂的方式，影响和帮助更多的青少年领悟生命意义、实现青春梦想、创造人生价值。

面对世界百年未有之大变局，一些青少年容易产生心理困惑、生活迷茫、学习无意义感等问题。要想从根源上解决这些问题，必须坚持马克思主义基本原理同中国具体实际相结合、同中华优秀传统文化相结合，以习近平新时代中国特色社会主义思想为指导，强化系统思维，树立全局观念，充分发挥校家社协同育人的功能。其中，思政课作为立德树人关键课程的作用不可或缺。在基础教育阶段，尤其是学生处于青春期的高中阶段，加强哲学教育尤为重要。

从学校层面来说，用哲学智慧指导教育教学和管理等工作，既可以立足全局，将哲学教育与学校德育、心育和学科教学等工作融为一体，又可以学习和运用辩证唯物主义与历史唯物主义的基本理论观点，更好地培养学生的科学思维，强化系统思维、辩证思维、逻辑思维和创新思维，引导学生坚持一切从实际出发，重视理论与实践相结合，树立正确的世界观、人生观和价值观，从而理性面对挫折、珍爱生命，健康生活、科学学习，追求卓越、幸福成长。

2019 年 10 月，时任中华中学校长的徐飞提出申报有关哲学课程基地的设想，并积极支持基地的申报与建设工作。这与我数十年从事中学思想政治课教学、心理健康教育和德育等教育实践中的所思所想不谋而合。查阅资料、咨询专家、理清思路、申报立项等一系列工作，更加深了我对中学哲学教育重要性的理解。以法国为代表的一些欧美国家一贯重视在中学阶段开展哲学教育，甚至在小学、幼儿园阶段就开设了哲学启蒙教育。在我国，学哲学、用哲学是中国共产党的优良传统。重视哲学思维、善用哲学方法，是习近平总书记治国理政思想的鲜明特色。大力开展哲学教育，已成为培养担当中华民族伟大复兴历史重任的时代新人的重要内容。近年来，国家更是将哲学列为"强基计划"的重点招生专业之一，进一步加强了新时代拔尖创新人才的选拔与培养。

2020 年，中华中学获批成为南京市哲学践行课程基地。2021 年，中华中学获批成为江苏省哲学课程基地，并申报立项了江苏省"十四五"规划课题"马克思主义理论指导下的普通高中学生哲学践行研究"（编号：D/2021/02/588）、江苏省中小学教学研究第十四期课题"普通高中哲学课程体系构建与实施的研究"（编号：2021JY14-L03）和南京市高中政治陶德华名师工作室。为此，我们特邀国家高中思想政治统编教材必修 4《哲学与文化》主编、南京大学张亮教授和江苏省中小学教学研究室政治教研员顾润生教授担任专家顾问。在省市教育主管部门和张亮教授、顾润生教授的悉心指导下，中华中学逐步形成并完善了以哲学教育课题研究为引领、以哲学课程基地建设为抓手、以哲学教育课程体系构建与优化实施为重点、以促进教师专业发展和学生幸福成长为目标的工作框架，增强了"启智润心，哲以育人"的意识和行动，着力打造学哲学、用哲学的校园文化，探索用哲学智慧提升新时代中学育人效果新路径。我们努力做好中学哲学教育顶层设计，从建设校园哲学文化展陈空间、构建中学哲学课程体系，到开展一系列哲学教育活动、开设系列哲学教育课程、推进哲学课堂教学研讨等，为这套丛书的编撰和出版积累了丰富的一手实践资料。

在中华中学党委书记李兵带领下，中华中学与南京大学"思政课一体化建设"等合作共建项目不断深化。这也使我有幸与多位南京大学哲学系博士，现在南京大学等高校或科研院所工作的学者——宗益祥、张义修、吕昂以及施和团队等携手合作，着力从学术性、科学性与普及性、趣味性有机统一的角度打造这套普及读物，最终完成了书稿的编写、修改与完善工作。

本丛书从构思成稿、多次打磨直至最终成书出版，历时近五年。在这一过程中，我们得到了很多专家、领导的关心、帮助与支持，也得到了许多师生的鼓励和认可。在学校开展哲学教育和书稿的修改与完善工作中，南京大学马克思主义学院副院长吴翠丽教授、南京大学哲学系副主任刘鹏教授、南京师范大学马克思主义学院副院长汤建龙教授、南京师范大学教师教育学院副院长刘建教授、江苏第二师范学院马克思主义学院院长刘素梅教授、安徽师范大学马克思主义学院杨希教授和南京市教学研究室政治教研员范斌老师等专家，都给予了很多宝贵的意见和建议。江苏省教育科学研究院基础教育研究所倪娟所长和王彦明研究员等对我校课程基地的建设和成果的形成，一直给予了关心、支持和鼓励，从而有力促进了书稿的撰写完成。南京市高中政治名师工作室和中华中学政治教研组的教师对书稿的形成则贡献了实践智慧和经验。

中华中学现在校的高中三个年级的学生，参加了学校组织举办的各项哲学学习活动，例如以"增长哲学智慧，促进卓越发展"为主题的哲思书籍、影视作品赏析与"著名哲学小品的启示"征文评比活动，"中国经典文艺作品中的哲学"和"生活中的哲学智慧"等课程学习活动，"马克思为什么是对的"和"时事论坛"等研究性学习活动，以"心赏美韵，美润心灵"为主题的哲学与心育、音乐、美术等学科融合课展示与研讨活动，以及以"启智润心，哲以育人"为主题的携手推进新时代思政课一体化建设暨江苏省哲学课程基地成果展示与研讨活动……这些都为书稿的形成提供了鲜活的素材。为了解学生对书稿的真实看法，我还让在校的部分学生和青年教师及南京师范大学来我校实习的研究生等先睹为快，并根据他们的意见和建议对书稿进行了修改。

本书在张亮教授和顾润生教授的审稿、指导下定稿，并在南京师范大学出版社张春编审和相关编辑老师们的细致审读、加工和图文创意设计下，得以顺利出版。

在此，向所有对本书的出版给予关心、指导和帮助的专家、领导、同人和学生致以诚挚的感谢和衷心的祝福！也希望给有缘阅读此书的青少年朋友们带来帮助，并期待读者们与我们分享阅读体验、提出宝贵意见和建议。感谢你们！

陶德华

2024 年 5 月